Os Pilares da Autoconsciência

Diluindo as Certezas

Henrique Piacente Talarico

Os Pilares da Autoconsciência

Diluindo as Certezas

1º edição
Impressa, com atualização de autoria
São Paulo
2018

Mais uma vez devo agradecer o apoio inestimável de minha maravilhosa família, sempre! Não posso deixar de mencionar às colaborações preciosas de meus parceiros da causa ética, todos aqueles que acreditam em uma humanidade melhor.

Prefácio do Autor

Estimados leitores. É com renovado prazer que me permiti publicar mais de minhas íntimas reflexões decorrentes da ânsia da ampliação do entendimento existencial. Desde a publicação de meu primeiro livro "A Essência Plena do Todo e de Todos e o Pulsar do Delinear Conceptivo – Uma Nova Leitura da Existência" de 2016, muito pude aprender com pessoas maravilhosas, ambientes agregadores e auto busca interior. Continuo considerando meu primeiro texto potencialmente importante para quem sou e pretendo ser, contudo somos seres em desenvolvimento, somos um conjunto de informações que compõe nossa autoconsciência e desta forma me sinto mais representado pelo texto desta nova obra, na verdade, elas podem se complementar, mas muito pude aprender neste tempo transcorrido.

Desta vez procurei ter o pensamento livre e me desprendi um pouco do formalismo temático topicalizado. Não que esta opção seja didaticamente mais amigável, mas esta nova experiência nos permite maios fluidez de ideias o que torna a leitura mais conversacional e contínua. A ideia é que os temas possam ora evoluírem ora migrarem para outros tão interessantes ou reveladores quanto os antecessores.

Talvez este tipo de leitura possa criar certa dificuldade de consulta posterior, contudo, caso estejam com a versão impressa convido-os a marcar, destacar, rabiscar o livro da maneira mais prática e objetiva que puderem ou desejarem, assim terão maiores condições de criar conexão entre as palavras do papel com aquilo que são ou pretendem ser. Uma constante construção e desconstrução.

Caso estejam com a versão virtual, sugiro criarem um arquivo rascunho ou até mesmo um caderninho de papel para fazerem suas anotações para que possam retomar aos temas com o indicativo das páginas.

Ainda, uma terceira opção; simplesmente se desprendam disso tudo e usem o texto para uma leitura livre e fluída, apenas com o intuito de agregar informações, refletir e fazer nova interpretação a cada releitura. Esse também é o intuito.

Ou seja, acredito que temos espaço pra todos. Eu entendo que a intenção de uma obra é sempre propiciar uma ferramenta que permitirá uso diferenciado para cada operador. Cada um de nós com nossas vivências, crenças e aspirações, em cada momento na vida, será capaz de utilizar as informações deste livro e de toda a vida de maneira única. Isso é o que compõe nossas delineares, quem achamos que somos e tudo aquilo que está a nossa volta ou dentro de nós.

Enfatizo que realmente fico muito satisfeito com cada novo leitor, cada nova descoberta e, principalmente, em buscar uma realidade mais harmoniosa para todos os seres viventes, para tudo o que há. Desejo isso de coração. Ótima leitura.

E-mail: henrypitar@hotmail.com

Por Renato T. H.

A obra traz temas sobre a realidade de mundo que percebemos em relação ao que conseguimos captar com os nossos sentidos, nos fazendo entender que a realidade pode ser mais complexa do que essa que percebemos.

Há propostas de exercícios mentais para nos ajudar a compreender e questionar sobre as coisas que se dizem verdades absolutas, pois na maior parte dos casos fomos treinados a pensar de certa forma, devido a algum interesse obscuro.

Nos dá incentivos a tentarmos moldar esta realidade de forma que haja mais justiça e igualdade a todos os seres, independente de seu estágio de evolução.

INÍCIO

Gostaria de compartilhar com vocês, meus leitores, algumas reflexões sobre nossa existência; certamente buscamos caminhos, soluções para enfrentarmos os inúmeros problemas que nos afligem constantemente. Parece que a vida requer nossa disposição para o enfrentamento diário e demonstra insatisfação com nossos momentos de alegria e prazer. Por que isso acontece ou temos a impressão desta afirmativa?

Proponho aqui tratarmos de diversos assuntos que constroem nossas vidas, mas que muitas vezes não são refletidos ou percebidos por nós; o plano é discorrer de forma não coordenada, mas com conexões intuitivas e construtivas. Assim poderemos desenvolver uma lógica irrestrita, com proposta de livre composição de ideias.

É importante termos em mente que o objetivo primordial é termos uma vida melhor, tanto "individualmente" quanto de todo o nosso entorno. A busca pelo bem, no sentido mais amplo do termo, é o que nos vai permitir entender cada vez mais o sentido do pleno, do todo.

Primeiramente, assim como já ressaltei em minha primeira obra, deixo claro que aqui não tratarei especialmente ou restritamente de religião, filosofia, ciência ou demais estudos e crenças humanas, mas proponho usarmos de todas as ferramentas pra construirmos possibilidades factíveis, verossímeis ou simplesmente imagináveis, coerentes com a vivência e compreensão de todos nós.

Talvez alguns possam dizer que a tendência desta obra é apresentar uma visão, uma reflexão com ênfase filosófica sobre a existência; não pretendo negar esta afirmativa, considerando que a proposta aqui presente é de reflexão e pensamento, contudo, gosto de fazer conexões com o experimentado, com as emoções e o metafísico. De certa maneira, podemos navegar pelos conhecimentos sem a restrição dos rótulos.

A primeira ideia que quero propor é a retomada do conceito de delinear conceptivo formado pelos pulsares da existência. Para que possamos entender este conceito é preciso abstrairmos à fonte de composição de tudo o que há. Evidente que isso não é fácil, pois esta fonte pode estar muito distante de nossa capacidade de compreensão, considerando nosso ferramental hodierno.

Desta forma, podemos tentar o caminho inverso, ou seja, tentarmos usar nossas referências materiais e sensoriais individuais, como nossa conceituação de indivíduo, de objetos, sociedade, e então buscarmos conexões gradativas para nos aproximarmos cada vez mais do suposto "ponto de partida". Aliás, grafei as aspas para deixar claro que essa teoria não concebe um ponto inicial no tempo, pois verão que o tempo pode não ser algo realmente fundamental, tratando-se apenas de uma forma de concepção de nossa existência limitada atual. Vamos tentar falar sobre isso mais detalhadamente adiante.

Antes de iniciarmos uma tentativa de processo de inversão, gostaria de propor uma reflexão. Ela tem relação com entendermos quem somos nós nesta realidade atual, dentro do contexto Universal, talvez baseado em uma concepção relativa, ou seja, em um delinear compartilhado por todos hodiernamente.

Se imagine como um ser "inicial", daqueles que ainda não haviam "evoluído" para seres mais complexos e pouco percebiam ou conheciam sobre a existência a sua volta; um ser sem muitos sentidos, que talvez apenas concebia o mundo pela sensibilidade da "pele", por exemplo. Agora pense, o que seria o seu mundo? Compreenda que este ser, supondo que existisse algum nível de consciência nele, entende a vida como algo percebido apenas pelo tato e o seu mundo se resume a entender que existem coisas, matéria pura pra ele tocar. Toda a ideia de mundo dele se resume a isso e ele considera que todas as regras Universais são regidas por este simples conceito do toque.

Agora olhe pra você como um ser que está no meio deste caminho "evolutivo". Entenda que está limitado aos singelos cinco sentidos conhecidos. Mesmo que conceba mais um ou dois sentidos, entenda a restrição das possibilidades. Será que, assim como aquele ser inicial que considerava que conhecia o Universo como ele é, realmente conhecemos o que está a nossa volta?

Pensando de uma maneira bastante superficial e materialista racional; fica evidente que os seres "futuros" terão capacidades ampliadas que conceberão muito mais desta existência, com outros novos sentidos e até melhor lapidação dos já conhecidos. Desta forma, poderão ampliar seus delineares conceptivos e compreender ainda mais de tudo o que há. É importante termos isso em mente para entendermos o conceito dos delineares que pretendo tratar a seguir.

Considerando a ilustração apresentada e ampliando o tema à hipótese de como essa realidade limitada se compõe, gostaria de discorrer sobre os delineares conceptivos dos pulsares da existência propriamente dito. Todos nós, neste momento da vida, entendemos de um modo geral que somos minimamente indivíduos materiais, "inseridos" em um contexto de mundo composto por matéria. Existem também as inserções de metafísica que contempla outras possibilidades além da matéria que não podemos perceber pelos sentidos "básicos". A primeira concepção de mundo pode ser bastante limitadora em nossa capacidade de ampliação de entendimento, mas vamos tentar entender isso melhor.

Pensemos em "nós", individualmente falando, utilizando-nos do conceito de "autoconsciência", ou seja, nos entendemos como indivíduos porque temos consciência de nós mesmos. Basicamente, se você olhar em um espelho ou ouvir a sua própria voz saberá que isso é você.

Racionalmente falando e dentro daquilo que conhecemos ou definimos, parece-nos que esta propriedade está adstrita aos animais chamados sencientes, tais como os humanos, galinhas, tubarões, ratos, baleias, aves e inúmeros outros. Claro que existem variações para esta interpretação, mas apenas sugiro isso com o objetivo de entendermos a noção do que é nos reconhecermos enquanto indivíduos.

Partindo deste entendimento, cabe-nos ressaltar que a origem desta propriedade de reconhecimento é uma das principais incógnitas do conhecimento humano, ou seja, mesmo considerando as várias formas de percepção de mundo e análise de realidade, tais como a ciência, metafísica, psicologia, religião, ainda existem muitos "buracos" no entendimento do que é a autoconsciência.

Gostaria de propor uma experimentação mental simulada para tentarmos refletir sobre a autoconsciência; lembro apenas que trata-se de simples simulação, pois neste momento não temos condições de aplicá-la na prática.

Imagine que podemos nos afastar de quem somos, que podemos deixar nosso corpo e consciência e deixarmos de ter apego individual. Esta tentativa procura resultar em um "observador utopicamente neutro" para ampliar a compreensão de mundo, de existência. Vamos considerar que, não estando preso às limitações de sua própria consciência e sociedade, um indivíduo poderia se elevar fora dos limites destes delineares, destas definições restritas, e então enxergar as várias composições possíveis na existência.

Evidente que esta proposta não contempla uma compreensão absoluta da existência, afinal, estamos restritos aos nossos poucos sentidos e, quem sabe, a frações diminutas de alguns outros, mas podemos pelo menos imaginar as possibilidades a partir desta experimentação.

Agora vamos tentar observar tudo o que podemos compreender, porém, sem a concepção de você mesmo. Desta forma, é possível inicialmente verificar coisas, pessoas, animais, plantas, emoções, sensações, sentimentos, sociedades, países, planetas, Universo, energias, luzes, ondas sonoras e tudo o mais que já conhecemos hoje.

Olhando desta forma, o que faz você entender que aquele ser humano em questão é você e que os outros são os outros? O que faz termos uma autoconsciência e o que faz termos entendimento de cada coisa? Estes são os conceitos que começam a nos dar uma dica do que seriam os delineares conceptivos dos pulsares da existência.

Antes de adentramos na reflexão da tentativa de entendimento da autoconsciência, do entendimento do que somos, considero que temos que entender melhor o conceito de delinear conceptivo.

Para tanto, é válido darmos seguimento à experimentação ante proposta.

Continue enxergando a realidade como a conhece e tente aos poucos eliminar os conceitos, ou seja, tente não ver mais as coisas ou abstrações como as conhece, contudo procure entender tudo como um conjunto de peças para montar, inicialmente tão pequenos quanto o infinito, na verdade, sem forma e tamanho. É como se pudesse enxergar as relações de tudo e de todos, inclusive de você mesmo, sem os rótulos, ou seja, sem as definições de células, corpos, matéria; apenas de pulsares de energia, de momentos de relação.

Pense que essa é a fonte para tudo o que há, aquilo que alguns chamam de Deus, outros de Matriz, e inúmeras outras formas de terminologias. Tenhamos em mente que esta fonte contempla o que na nossa concepção atual seria a paz e equilíbrio absolutos.

Agora, para que possa "existir" tudo o que conhecemos e até mesmo o que não conhecemos, é preciso que haja a composição dos elementos bem como uma força motriz, capazes de impulsionar e moldar aquilo que está na fonte plena. Evidentemente que estou tentando ser o mais didático possível e que estas ilustrações apenas ajudam o nosso entendimento; teoricamente não haveria o que se falar em molduras ou forças naquilo que já é absoluto, atemporal e pleno; contudo, proponho um exercício mental elementar que possa abrir horizontes em nossas mentes para uma compreensão gradativamente mais complexa da existência humana e Universal.

Utilizando-me das terminologias já propostas em meu livro anterior, vamos tentar usar como referência os moldes que compõe tudo o que há como "delinear conceptivo", enquanto que a força que gera estes elementos como "pulsares da existência", ou seja, existe um delinear, uma linha virtual que desenha os conceitos (materiais ou abstratos), bem como uma energia que faz com que o todo se mostre em partes.

Não quero inovar com esta proposta, nem mesmo trabalhar com hipóteses absolutamente ficcionais, aliás, até mesmo para definirmos o que é ficção e realidade depende de fatores filosóficos que servem como base para a construção de todo o entendimento. Sabemos que até mesmo a tão racional ciência depende de alguns palpites de realidade que foram definidos a "muito tempo atrás" por reflexões teoricamente hipotéticas.

Ainda, sobre a concepção do que seria a "verdade", temos uma primeira bifurcação a lidar. Existe a verdade do imaginário humano e a verdade absoluta, Universal, ou seja, como podemos falar em certezas, mesmo aquelas supostamente comprovadas cientificamente, se considerarmos o infinito desconhecimento humano frente as possíveis e estatísticas possibilidades virtualmente infinitas?

Partindo deste pressuposto, em que já temos uma falha no conceito de "verdade", ainda teríamos que considerar as verdades individuais, em que cada autoconsciência a concebe. Se pensarmos que a vida como a conhecemos é percebida pelos nossos sentidos concretos, aqueles que conhecemos de uma forma geral, significa que é o nosso cérebro ou nossa autoconsciência que "decide" como a realidade vai se comportar.

Evidente que teríamos que pensar em várias instâncias dessa decisão; não podemos pensar em um indivíduo conceber sua realidade de forma grandiosamente diversa de tudo o que está "consolidado" isso pode ter relação com vontades maiores, baseadas em delineares conceptivos de maior compreensão do todo.

O propósito da apresentação desse conceito de "verdade" é demonstrar que em níveis mais próximos, somos nós que definimos sobre nossas verdades e, em níveis mais amplos, basta que acreditemos em algo que aquilo pode se tornar uma verdade dentro da compreensão individual de mundo.

Em resumo, temos que tomar muito cuidado quando consideramos que a vida como a conhecemos é um exemplo de realidade concreta; basta pensarmos que somos um lapso da existência e que tanto as verdades locais, pequenas, quanto as Universais, de grande significância existencial, podem e tendem a ser bastante voláteis; esta reflexão nos permite considerar mais modelos de formatação de conhecimento, não nos restringirmos a ciência positivista, baseada na comprovação restrita.

Para diferenciar melhor essas duas opções seria como se você pudesse alterar a verdade dentro de rotinas sociais simples, como em discussões ideológicas, políticas por exemplo, enquanto que, num conceito mais amplo, baseado em fé, eu pudesse conceber a interpretação da realidade à minha decisão. Basta pensarmos que a interpretação diferenciada da realidade é dita socialmente como loucura, o que não necessariamente pode ter relação com uma verdade genuína.

Podemos ficar com a reflexão: O que consolida a verdade? As provas científicas, as sensações ou outros elementos de possibilidades infinitas?

Acho muito mais interessante considerarmos que todas as formas de conhecimento, sejam as estruturadas ou não, servem como gérmens que fomentam nossa capacidade de expansão e é essa expansão que pode ditar o quão representativos somos frente à plenitude da existência.

Para complementar a ideia da legitimidade do que proponho, além de ser uma visão já estudada e tratada tantas vezes na humanidade, porém com termos e detalhes diferenciados, ainda temos alguns fatores históricos como a percepção humana da composição material das coisas, a qual sempre foi definida por elementos cada vez menores da matéria, bem como todas as tentativas de explicar as múltiplas possibilidades dimensionais, entre outros pontos que pretendo tratar aqui.

Para tentar explicar o primeiro elemento, que trata dos temas recorrentes na humanidade, mesmo que separados temporal ou espacialmente, podemos remeter novamente à fonte, ou seja, se pensarmos logicamente que existe uma fonte da qual fazemos parte, fica mais evidente a possibilidade de "bebermos desta água" e chegarmos à conclusões bastante semelhantes. Desta forma, não fica difícil entender o por quê das similaridades não só entre religiões e filosofias, mas também da própria ciência com as duas primeiras.

Pode parecer estranho, mas se fizer um paralelo por exemplo entre a religião Cristã com a ciência, verá que as hipóteses de origem do mundo e da vida são muito similares, desde a criação através da luz por "Deus", até a luz da explosão de criação do "Big-Bang". Temos também a questão proposta na filosofia grega de uma realidade "pura" em contraposição ao reflexo desta, no caso a nossa concepção de realidade, comparada aqui com a concepção religiosa de "vontade de Deus" e "vontade do Homem", a primeira baseada em uma realidade pura e a segunda baseada na distorção de vida dos humanos e, dentro desta última comparação, até mesmo o que proponho aqui como "delinear conceptivo dos pulsares da existência" com o próprio conceito de "Deus" ou da realidade pura, já mencionadas.

Esses paralelos ocorrem o tempo todo, tanto com grandes pensadores ou estudiosos, quanto em nossa rotina; basta paramos pra pensar e começar a prestar atenção. De repente pode até ficar mais fácil desenvolver o conhecimento estando aberto às várias variantes do que negar outras fontes de estudo e perder a chance de fazer conexões de uma mesma matriz.

Agora que temos um entendimento sobre as possibilidades de interpretação da verdade, ficamos mais livres para trabalhar mentalmente ideias de explicações do Mundo, da existência. Não ficarmos presos a apenas uma forma de pensar, uma metodologia de comprovação da realidade é um passo importante para a ampliação dos delineares conceptivos dos pulsares da existência e é sobre ele que vamos desenvolver alguma reflexão.

A partir do momento que percebemos que a composição de tudo o que conhecemos e daquilo que pode estar ao nosso entorno, sem mesmo termos noção de sua presença, é gerado a partir de uma fonte inesgotável de informações, na verdade mais que informações seria uma fonte de plenitude compreendida como unidade absoluta e única, podemos tentar compreender as relações, formação, materialidade e estruturação de tudo o que compõe o nosso dia a dia e de tudo o que pode nos influenciar, tanto no presente quanto historicamente seja passado ou futuro.

Ressalto, contudo, que estou apresentando os conceitos de temporalidade também como uma forma didática de compreensão, considerando que temos forte apego e familiaridade com a noção de tempo, mesmo esta noção não estar necessariamente vinculada a uma concepção de existência mais ampla, muito além dos limites de nosso entendimento.

Pensar em passado, presente e futuro em uma hipótese de plenitude, em que tudo o que existiu, existe ou existirá a compõe, na verdade remete mais a uma parcialidade do entendimento do todo do que ao "elemento único" e essencial da existência, já mencionado anteriormente.

Estes itens temporais nos permite, dentro de nossa limitação sensorial, entender o mundo de forma estruturada e nos possibilita criar estratégias para darmos condições de equilíbrio físico e mental para irmos além; considero que o passo seguinte será, dentre outras possibilidades, nos desligarmos da parcialidade da temporalidade e mergulharmos em delineares mais amplos. Conforme destaquei recorrentemente em minha obra anterior, a busca pela plenitude é que nos permite ampliar os delineares e alcançar gradativamente e ampliativamente a compreensão existencial.

Se pensarmos na vivência do passado como algo que faz parte de nós hoje e as consequências futuras como um reflexo da existência atual, podemos começar a tatear o que seria o entendimento de que todos estes conceitos temporais nada mais são que recortes de existência única, ou seja, tudo o que há já faz parte desta fonte de informação, cabendo apenas à autoconsciência vivenciá-la parcialmente de forma temporal.

Aliás, referindo-se a recortes de algo único, sugiro nos basearmos na premissa de que tudo o que concebemos de forma estruturada seja um recorte da plenitude e podemos tentar entender muito do que vivenciamos a partir desta ideia.

Dentro da ideia dos recortes, ao analisarmos tudo o que conhecemos da vida, podemos perceber que existe uma forte possibilidade de tratar-se de uma construção virtual de realidade. Já sabemos que tudo o que percebemos da vida vem daquilo que podemos sentir dela, ou seja, dependemos de interpretações sensoriais e conceitos mentais abstratos para sentirmos tudo o que há e termos um conceito disso. Perceber essa possibilidade pode ser bastante assombroso, mas também bastante promissor.

Se você compreende que tudo o que você sempre considerou sólido e verdadeiro não passa de uma espécie de "imaginação contratual coletiva", uma consequência natural pode ser um estranhamento ou até uma profunda melancolia; chegar a conclusão que nada de fato exista em essência pode significar a desconstrução de uma vida inteira.

Imagine que seu dinheiro, seu carro, seu país, sua família, seus sentimentos, a natureza, a poluição, as emoções, os conceitos, as religiões, os reis, as grandes incorporações e até mesmo você não passem de pura especulação, de uma melodramática encenação concebida de alguma dose de imaginação. Tudo isso seria teoricamente bastante complicado, principalmente em um mundo em que temos crenças tão adstritas ao que podemos conceber hoje, pelos nossos sentidos mais básicos.

Agora tente ampliar um pouco as possibilidades e se coloque na humilde posição de quem pouco conhece e sabe da existência de muitas possibilidades. Esse tema já foi tratado aqui e é um bom começo para entendermos como a desconstrução da realidade pode nos abrir as portas para um mundo imensamente novo de grandes possibilidades e, mesmo que isso também faça parte de uma construção imaginativa, nos permita entender que é possível buscar incessantemente e equilibradamente a fonte, a plenitude da composição da existência. Volto a dizer, o conceito de "composição da plenitude" é simplesmente didático; sempre que tratamos de algo pleno, absoluto e atemporal, estamos falando de uma ideia mais ou menos baseada na dualidade do tudo e do nada, ou seja, daquilo que não podemos conceber racionalmente.

Tendo isso em mente, fica mais harmonioso vivenciar esse momento da vida, pois a liberdade de não estar restrito às duras limitações desta vida nos permite ter ainda mais responsabilidade sobre nós mesmos e/ou outros, inclusive todo o entorno, tudo o que há, pois assim perceberemos que um caminho suave, equilibrado, harmonioso e de paz nos permitirá significativa ampliação dos delineares conceptivos da existência.

Agora, considerando que os delineares compõe a nossa realidade, pois tudo o que concebemos ou que existe de forma específica parece ser deles resultante, é possível conceber que nós podemos ter a capacidade de compor ou influenciar a realidade; seja por iniciativas individuais seja por elementos coletivos ou desconhecidos.

Parece-nos meio ficcional este conceito, aliás, muito já de escreveu sobre a possibilidade de compormos nossa própria realidade a partir de nossa vontade; tudo isso pode fazer algum sentido, mas não podemos nos esquecer que a ideia de "nós" nesta obra não se esgota no indivíduo. Assim, considerando que somos parte de um todo, não podemos conceber alterações da existência simplesmente motivadas por vontades individuais.

É de se saber que a afirmação de que podemos tudo esbarra em um clássico paradoxo em que duas pessoas infinitamente capazes de mudar o mundo desejam acontecimentos opostos, por exemplo, uma quer um mundo caloroso e a outra deseja o inverno incessante. Ora, se ambas possuem poderes infinitos de escolher o seu mundo, como podem desejar oposições e serem atendidas?

Sim, seria possível isso ocorrer, se considerarmos opções como um mundo pluridimensional em que existem várias bifurcações com caminhos distintos, consequentes de uma mesma realidade. Ou seja, enquanto que o primeiro indivíduo vivenciaria seu mundo completo cheio de sol, o outro se ambientaria no fio ártico de sua realidade bifurcada.

Mesmo que considerássemos estas ilustrações, a hipótese da realidade ser composta por traços de uma realidade plena não estaria em risco, considerando que todas estas dimensões poderiam ser resultantes de simples delineares conceptivos dos pulsares da existência. De qualquer maneira, investigar estas possibilidades de realidades paralelas, baseadas em origens únicas, não é o foco de nossa reflexão agora.

O que pretendo aqui é demonstrar o quão possível é a vivência baseada em influências diretas na concepção de realidade.

Considerando que somos partes, delineares menores de outros delineares ainda maiores, sempre considerando estas referências de grandeza de forma didática e não realísticas, não fica complicado concebermos que os desejos coletivos acabam influenciando e compondo o mundo. Ou seja, quando um grupo de vontades começa a conceber uma possibilidade, esta pode começar a ganhar forma e se tornar um novo delinear que molda uma realidade.

Um exemplo disso poderia ser a própria experiência da criação do Universo. Enquanto que várias teorias se digladiam pela legitimidade da teoria de criação ou formação do universo ideal, a maioria delas convergem em ideias centrais de formação a partir de um acontecimento único, baseado em luz que seria capaz de formar tudo o que há, ou pelo menos, conhecemos.

Poderíamos conceber, em uma possibilidade de plenitude atemporal, ou seja, sem tempo em que tudo faz parte de traços de um único quadro artístico, que é esse desejo coletivo que construiu estas teorias similares e que esta similaridade já seria decorrente de desejos anteriores baseados em delineares já definidos "anteriormente".

Insisto em mencionar que os termos de temporalidade não restringem nossa tentativa de ilustrar uma realidade atemporal, contudo nos permite imaginar, usando nossas limitações de concepção de mundo, a ideia a ser construída.

Desta forma, em resumo, tanto a teoria do Big-Bang, quanto a teoria Criacionista baseada na luz, entre tantas outras similares, poderiam ser consequentes do desejo coletivo de sua existência. Como se as pessoas e a própria história da humanidade e de seu ambiente pudesse criar o próprio mundo, em conjunto, baseados em seus desejos e imaginação. Tudo isso consequente de diferentes delineares antecessores. Todos contemplados em uma mesma, única e "estática" realidade.

Vale ressaltar que estas mudanças, estas evoluções, principalmente aquelas de maior significância ou influência para cada um de nós e nosso coletivo, resultantes de nossos desejos, ocorrem muito gradativamente, ou melhor, desconsiderando a temporalidades destas ampliações dos delineares, ocorrem ou existem de forma bastante sutil, delicada, baseada em diferenças muito pequenas. Assim, não podemos pensar em drásticas alterações existenciais apenas com um impulso de desejo individual. Até mesmo uma nação inteira pode não conseguir mudar uma grande concepção de realidade simplesmente por vontade coletiva.

Em relação a isso, podemos perceber que as pessoas tem vidas bastante similares, com as mesmas limitações físicas, mentais, com os mesmos sentidos, com a mesma percepção do teórico "mundo real", com regras físicas, químicas e até espirituais bastante semelhantes. Isto é consequência da questão das sutilezas das mudanças desejadas, ou seja, não há como pensarmos em alguém em patamares muito distintos em relação a maioria convivendo conosco com as mesmas limitações gerais.

Mesmo o cidadão mais rude, que teoricamente possui menos conhecimento da ciência humana, mesmo o intelectual ou o monge budista "desligado" da matéria, todos estes ainda não escaparam de uma realidade muito próxima que nos une. Contudo, essa busca individual e coletiva é que nos permite ampliarmos os delineares e mudarmos a realidade sutilmente, resultando em grandes mudanças da realidade em outros patamares da existência.

Ressalto, porém, que compreendo que seja possível que haja outros "níveis" de delineares que permitem que haja autoconsciências em padrões mais aderentes a experiência plena da realidade absoluta, "convivendo" conosco em dimensões em percepções muito diferentes e ampliadas em relação às nossas.

Portanto, buscar o conhecimento, a espiritualidade e o desligamento material pode sim resultar em transcendências inimagináveis ao nosso conhecimento, porém de grande resultado prático e de entendimento. Reconheço que, por menor que seja nossa ação em buscarmos novas percepções de mundo, grande é o enriquecimento de nossa capacidade sensorial e compreensiva.

Agora, por que tudo isso pode ser interessante para nossas vidas individuais baseadas em sentidos restritos? Respondo que seja para percebermos o quão coletivos podemos ser e, enfim, termos atuações mais convergentes, baseadas na influência de cada ato ou pensamento sobre todos e tudo. Certamente com isso construiremos uma realidade mais harmoniosa e apta para um entendimento mais amplo.

Antes de tentarmos nos aprofundar ainda mais na composição de nossa realidade, enquanto externalidades à nós mesmos, gostaria de voltar o foco para a concepção da autoconsciência. Agora que "sabemos" que tudo o que há é resultante de composições de nossa própria vontade, seja "nossa" enquanto indivíduos, seja enquanto história da humanidade ou da vida, podemos propor um caminho inverso e olharmos para nós mesmos como um resultado deste conjunto de ideias, denominado aqui como "delinear conceptivo dos pulsares da existência".

Primeiramente temos que relembrar aquilo que já foi tratado anteriormente em relação as diversas formas de autoconsciência existentes, ou seja, não podemos, nem considero que devemos, restringi-la a nós humanos; sabemos que a capacidade de saber da própria existência também está com inúmeras outras formas de vida na Terra e pode estar até com outras formas de existência desconhecidas a nós. Não podemos nos esquecer que as possibilidades são infinitas, desde dimensões até patamares inimagináveis ao nosso entendimento.

Talvez seja laborioso compreender que nossa existência enquanto indivíduos possa estar definida simplesmente por um conjunto de informações que em função de sua convergência resulta em uma autoconsciência; contudo, esta hipótese não parece incoerente quando pensamos no conjunto de características similares, de reações parecidas entre os seres, o que podemos chamar de arquétipos.

Muitas vezes nos deparamos com reações idênticas a determinadas situações que basicamente ocorrem de maneira automática, esta ocorrência pode ser percebida não só nas ações realizadas ou pensadas por nós mesmos, mas também de semelhantes, no nosso entorno. Isso pode ser consequência de intersecção dos contornos que fazemos da fonte da plenitude, da fonte de informação absoluta. Assim, quando esse delinear que nos define é compartilhado com o delinear do outro, lembrando que esse movimento é como um pincelar artístico não estático - com a ressalva da atemporalidade – naquele ponto exato somos exatamente a mesma pessoa ou o mesmo ser, objeto ou abstração.

As coincidências de conhecimento podem representar simplesmente a mesma fonte. Ou seja, os conhecimentos humanos provem de uma matriz não criada e sim existente incondicionalmente pra todos que a acessarem.

Agora, imagine delineares, conjunto de informações bastante simplificadas, daqueles que podemos compreender integralmente em um breve instante; talvez seja difícil aceitar que esse conjunto de elementos possa desenvolver autoconsciência, pois estes elementos são esgotados sem virtuais incertezas. É como se dentro de nossa limitada compreensão pudéssemos buscar similaridades em uma rocha que resultasse em qualquer tipo de "personalidade" a ela, ou seja, os elementos que conhecemos de uma rocha, enquanto intelecto, não nos permite perceber qualquer possibilidade de autoconsciência.

Agora imagine a ampliação destes conjuntos até o ponto que não podemos compreender o todo de seu elemento; agora podemos começar a entender o que seria a autoconsciência, ou seja, elementos de intelecto bastante complexos para nossa compreensão atual, baseada nas limitações de sentidos, que permite uma depreensão de existência consciente individual. É assim que fica possível entendermos as "evoluções" de autoconsciência e perceber como existem várias formas de vida diferentes na Terra com níveis de complexidade e consciência de si, diferentes. Isso nos reforça também a senciência já apresentada aqui dos animais.

Ressalto que essa possibilidade não se restringe ao indivíduo, pois é bastante válido entendermos uma sociedade como um "indivíduo" autoconsciente.

Assim como nós, assim como os animais, uma sociedade também possuí seus desejos, suas características e personalidade; pode perceber que enquanto uma pessoa é tímida, um grupo social pode refletir esta característica. Isso ocorre com bastante similaridade e frequência.

Talvez não consigamos perceber perfeitamente qual seria a autoconsciência de uma sociedade ou grupo, isso nos causa estranheza pelo fato de não conseguirmos identificar os limites do indivíduo neles. Essa suposta impossibilidade de compreensão deve ser superada, pois não devemos tentar entender a capacidade de ter consciência sobre si mesmo, simplesmente pela nossa capacidade sensorial e lógica, mas sim, podemos fazer alguns exercícios de analogia, similaridade e simulação para percebermos a existência de algo.

Os Pilares da Autoconsciência – Diluindo as Certezas

Se refletir bem, uma sociedade chora, lamenta, sorri, possuí evolução intelectual, emocional e até física. É plausível e interessante compreendermos de forma associada as individualidades e coletivos como maneira de compreendermos e delinearmos a existência de forma organizada e didática, não se caracterizando como conceitos desligados em essência.

Quero ressalvar que estamos falando aqui em autoconsciência daquilo que conseguimos compreender enquanto humanos neste trecho da existência, não podemos descartar sobremaneira a possibilidade de existir ciência de si mesmo em seres inanimados, células, átomos e até na macro matéria com o próprio Cosmos.

Retomando a questão do que compõe ou como é formada a autoconsciência, vamos pensar na forma como concebemos o mundo em relação a uma vida humana ou animal; em tese temos o consenso de que existe uma faixa de tempo em que cada ser perdura na Terra, enquanto matéria. Sabemos que a proposta aqui é descartar o tempo como um fator real, em que estas vidas materiais estão "desenhadas" em um quadro artístico único decorrente da plenitude da existência, mas vamos considera-lo como um fator didático. Além disso, compreendemos que cada ciência de si decorre de um delinear, de um contorno gerado a partir dos pulsares já mencionados. Desta forma, podemos supor que cada existência que é composta pela parcialidade do todo gera uma consciência momentânea, que é percebida apenas por esse conjunto de dados definido por seu delinear conceptivo.

Podemos então concluir que nossa existência é efêmera, que tem data início e fim? Se interpretarmos esta pergunta considerando as limitações de nosso entendimento fático, talvez concluamos que sim, contudo, não estamos aqui pra propor o debate sobre o que sabemos, mas pra tentar entender o que não sabemos.

Considerando que a formação do que somos, do que cada individuo sente ou sabe, da composição de tudo o que há dentro dos vários níveis destes conjuntos que o forma, podemos depreender que nós somos simplesmente uma parcialidade de algo maior e que imaginarmos como indivíduos estáticos, que se limitam a essa vida conhecida, seria como pensarmos que nosso braço, por exemplo, é um ser, ou que parte de uma nação a represente. Cada composição individual interfere a outra e é isso que somos, delineares de influência e fluxo contínuo. Não sugiro que tentemos compreender nós mesmos como seres isolados e finitos, pois somos uma pequena compreensão de algo pleno e isso que pode realmente importar.

Quando falo em "realmente importar", quero deixar claro que o termo representa uma meta, um objetivo e para que consigamos atingi-lo ou compreendê-lo é fundamental dar "importância" a cada detalhe da vida, a cada escolha, a ética aplicada em prol de um equilíbrio que propicie plenas condições a todos e a tudo, conhecido ou não.

Levando em consideração esta característica dos delineares da autoconsciência podemos concluir que no sentido restrito, não somos donos nem do "próprio nariz", no amplo somos donos de tudo.

De tudo isso, uma hipótese para a autoconsciência é que o delinear conceptivo que a concebe mais que um ser é apenas a parcialidade do existir. Simplesmente é a parte do todo alimentada pelo pulsar da existência.

Ainda, retomando a questão da efemeridade da vida, diante de nossa limitação de compreensão da existência, podemos restringir essa aplicação aos momentos que vivenciamos, ou seja, se considerarmos que em um sentido mais amplo tudo o que concebemos de realidade na verdade é uma parcialidade de algo único, podemos entender cada momento como um instante de vida.

Desta forma, isso poderá interferir fortemente em nosso estado emocional. As oscilações de humor que tanto interfere no nosso bem estar do dia a dia e limita ou amplia nossa capacidade de percepção de conteúdo acabam definidas por aquilo que buscamos e isso que compõe cada um dos delineares envolvidos.

Todos percebem que temos "bons" e "maus" momentos na vida e a busca pela ampliação do delinear é que vai determinar a proporcionalidade dessa relação. Assim, apesar de parecer um lugar comum, é realmente muito importante sermos diligentes em relação aos ambientes que frequentamos, às relações interpessoais que fazemos, aos estudos que promovemos ou realizamos, às mídias que acompanhamos, pois tudo isso vai interferir diariamente em quem somos e vai permitir uma nova composição delineativa da autoconsciência.

Relembrando o que tratamos sobre o que define cada autoconsciência, em que trouxemos a hipótese de que a mesma é gerada pelo delinear conceptivo da existência daquele traço da "pintura" que a compõe, fica mais fácil entender que somos aquilo que vivemos. Desta forma, não há o que se pensar em uma autoconsciência imutável, e que somos impossibilitados de mudanças; temos sim algumas essências decorrentes de delineares relacionados e conteúdos mais bem estabelecidos em nós mesmos, inclusive sob possível influência de delineares multidimensionais que nem mesmo conhecemos; contudo, é bastante prudente buscarmos o reforço positivo de bons conteúdos para o nosso dia a dia para sempre permitir o equilíbrio e a consequente ampliação delineativa.

Em resumo, busque a alegria, vivencie a felicidade cultive a ética para que você seja alegre, feliz e ético; faça o mesmo com conceitos negativos de desequilíbrio e a consequência será de restrição do conhecimento da plenitude.

Os delineares se intersecionam, logo quanto mais nos envolvemos com as ações antiéticas alheias, quanto mais nos informamos sobre isso, mais faremos parte disso. A consequência esperada é não criarmos condições de ampliação de nosso conhecimento em busca do pleno e menos equilíbrio fará parte de nossos dias.

Esta escolha pode nos dar luz a uma dualidade de difícil compreensão e muito difundida socialmente, a questão dos conceitos de "bem" e "mal". Já tratei do tema em meu livro anterior e considero que mais do que uma oposição direta, estes dois elementos fazem parte de uma mesma fonte.

Dentro da hipótese aqui apresentada, não haveria como tratar da existência de qualquer um desses elementos de forma verdadeira, pois a fonte absoluta não permitiria distinções, contudo, conforme já pincelei anteriormente, apesar de nosso não entendimento em relação à possibilidade de haver uma fonte absoluta e atemporal que possa gerar pulsares que compõe tudo o que conhecemos e não conhecemos, é possível interpretarmos o mal como uma parcialidade do "bem absoluto".

Isso seria possível se considerássemos que o que existe é simplesmente aquilo que é equilibrado, plenamente satisfatório, acabamos chamando isso de "bem", enquanto que a leitura distorcida desta fonte, representada por sua parcialidade, seria a geradora daquilo que conhecemos com nossos sentidos conhecidos e até o que percebemos de forma não consciente.

Assim, com esta distorção da plenitude, acabamos concebendo o desequilíbrio e esse gera percepções bastante negativas, inclusive percebida em forma de dor, sofrimento, melancolia, depressão entre outros em nossa vida conhecida e a isso chamamos de "mal".

Considerando esta percepção, fica evidente que é a busca pelo bem que nos afasta do mal, ou seja, ampliar os delineares conceptivos, compreendendo cada vez mais a existência e evoluindo nela, minimiza as parcialidades e evita o sofrimento.

Não podemos nos esquecer que, conforme já mencionei, somos seres limitados que dependem principalmente de seus sentidos elementares para legitimar o mundo em que vivem e desta forma torna-se extremamente inocente considerarmos que somos muito mais ou muito menos que animais ou outras fontes viáveis de autoconsciência. Tendo isso em mente, podemos assim buscar gradativamente sermos "mais" para a ampliação do conhecimento da realidade.

Algumas vezes dizem que cada um de nós sabe quando estamos agindo pelo bem ou pelo mal, eu diria que realmente esta é uma busca tanto individual quanto coletiva, inclusive considerando todas as possibilidades de existência, e que podemos com equilíbrio e bastante reflexão buscar ampliar o que conhecemos; desta forma viveremos naturalmente como pessoas mais equilibradas, "justas" e éticas, independente de buscarmos especificamente os conceitos. Aliás, devemos lembrar que conceitos são apenas linguagens, parcialidades da existência também, e que a percepção do mundo pode se dar de inúmeras maneiras distintas. Se pensarmos utopicamente, perceberemos o mundo pleno no momento em que não houver mais linguagem e nem mesmo a noção de "nós".

Recordo, porém, que mesmo buscando essa plenitude é fundamental considerarmos os passos de ampliação nos delineares. Pois esses são nossa realidade pontual. Não daria pra chegar à plenitude sem a ampliação gradativa dos delineares.

Retomando a questão da parcialidade de concepção de uma fonte inesgotável, é válido refletirmos sobre nossos conceitos de vida, ou seja, aquilo que acreditamos ser a verdade do mundo em que vivemos diariamente.

Basear-se em dogmas de quem somos, como nosso tempo de vida material, nossa genética, nossas possibilidades existenciais espirituais sempre será uma parcialidade. Tudo muda, os delineares não são estáticos pois ou pulsares sempre estão ativos. Saber usar esses dogmas para entender o momento e encontrar equilíbrio é uma opção interessante, mas se limitar a eles, pode gerar desconhecimento e distanciamento da plenitude.

Quando pensamos em tempo de vida, esse baseado na média atual de 70 anos, logo trazemos outros conceitos como a morte, as limitações de vivência histórica existencial, o nascimento, ou seja, nos prendemos em nós mesmos dentro do que conseguimos entender enquanto seres limitados sensorialmente. Este fator torna-se crítico quando percebemos que a maioria das pessoas se restringem a esse entendimento e acabam, não só limitando sua própria compreensão da vida, como priorizando materialidades que sempre geram desequilíbrio, dor, egoísmo e demais ocorrências bastante negativas para uma ampliação saudável.

Além disso, conforme citado, essa concepção faz com que cristalizemos a necessidade de manter intacta uma personalidade que nos foi gerada, seja pelos antepassados, pelo contexto social e político, por fatores físicos como a genética ou elementos desconhecidos que nos influenciam o tempo todo. Infelizmente, manter esta personalidade pode não nos permitir mudanças positivas que acabam freando a possibilidade de grandes delineares, como um grupo social, uma nação ou civilização, de transcenderem a delineares de outros patamares que resultem em maneiras distintas de concepção de existência.

Esta transcendência poderia fazer com que seus problemas econômicos, familiares, de saúde física e mental não passassem de detalhes imperceptíveis. Parece utópico, mas essa busca pode nos permitir grandes conquistas; basta que nos permitamos enxergar as possibilidades de forma livre e desprendida.

Para que possamos nos ampliar a essa fonte por meio da transcendência, é importante compreendermos e reforçarmos o conceito da fonte plena e de seus pulsares que compõe os delineares de tudo o que conhecemos.

Dentro da lógica da graduação delineativa, ou seja, didaticamente aquela que nos permite entender que nossa existência é composta por vários níveis de composição da vida, desde os delineares que concebem os átomos, até aqueles que concebem o Universo ou elementos desconhecidos, quem sabe muito mais ou menos significativos para nossa compreensão, podemos interpretar que, apesar da fonte absoluta ser amórfica, atemporal e incompreensível aos nossos sentidos, ela permite a concepção infinita daquilo que definimos como conceitos.

Toda a matéria, as sensações e sentimentos, a coletividade, as teorias, as subjetividades e imaginações e o que mais puder pensar decorre do contorno que fazemos de fontes de informação. Se imaginarmos que fazemos parte destas fontes, concluiremos que todo o conhecimento está entre nós e que só precisamos saber decifrá-lo, organizá-lo para nossos padrões e disseminá-lo.

Ou seja, dentro desta hipótese, não haveria a necessidade de citação de uma fonte de informação, como preconizamos nesta humanidade, pois toda informação seria "pública" de acesso constante a todos. Claro que não estou entrando em méritos de organização social em que a proteção intelectual permite que os esforços de escritores e pesquisadores possam garantir uma vida estável com os recursos pecuniários decorrentes de suas palavras e reflexões. Mas estou tratando da ideia de que somos infinitos em possibilidade, sempre respeitando o "ritmo cósmico" da composição existencial, aquele que tratamos aqui e que não permite que o indivíduo seja exclusivo e onipotente na composição da realidade.

Retomando à vertente do indivíduo que acessa uma boa fonte de informação, a organiza e a divulga para o mundo, podemos deduzir que o livro e qualquer outro instrumento equivalente, tanto para o leitor quanto para o escritor, é um portal para a fonte matricial do conhecimento da existência, esta composta por delineares muito maiores que nossa individualidade. Portanto, a recorrente leitura e o acompanhamento de novas fontes de informação, aquelas provenientes de diferentes faixas delineativas, pode ser fundamental para o equilíbrio necessário que nos permite ampliarmos cada vez mais os delineares que nos compõe.

Mantendo esta lógica e recorrendo a tudo o que tenho pesquisado e analisado, cada vez mais me convenço de que o conhecimento é compartilhado e que é apenas delinear de uma fonte plena e infinita.

Esse conhecimento possui vários "níveis" conforme já explicitei e nossa linguagem não consegue expressar o suposto conteúdo da plenitude, nem mesmo muitas das grandezas de sua parcialidade. Por isso as simbologias para tentar explicar algo metafisico. Como as metáforas da morte, de deuses e etc.

Sei que é complicado conceber certos conceitos grandiosos de nossa compreensão humana como uma simples parcialidade de uma fonte plena. Quando tratamos de conceitos como "deus" e "morte", por exemplo, o primeiro de grande crença humana e o segundo de uma tamanha certeza institucionalizada, acabamos os interpretando simplesmente por nosso conhecimento positivista ou materialista de mundo, ou seja, parece óbvio, considerando nossos sentidos básicos conhecidos que morremos efetivamente, mas será que não estamos nos baseando em nossas limitações?

Já tratei da morte em minha primeira obra, o tema é bastante interessante para todos pois trata-se de uma suposta certeza humana. Contudo, fica claro que estamos tratando simplesmente de uma finalização material de nosso corpo e talvez mente, mas não estamos nos cogitando enquanto delineares de uma existência muito maior.

Talvez a autoconsciência esteja vinculada a esse delinear parcial que nos compõe enquanto vida humana, mas entender a existência em função da autoconsciência pode ser bastante restrita na busca por um mergulhar às possibilidades de desenvolvimento do conhecimento que está além de nossas expectativas mais triviais.

Uma questão deve ficar clara nesta hipótese proposta: a vida não é restrita a nós mesmos e a existência plena não depende de cada um de nós, ou seja, por mais que tentemos super valorizar a individualidade, não conseguiremos fazer da existência nossa serva;

pelo contrário, somos apenas um lapso desta, um pulsar ainda não completamente compreendido pelas nossas capacidades de conhecimento.

Dentro desta lógica e para que possamos vivenciar condições melhores em nosso dia a dia, além de compreender melhor o mundo, torna-se prudente tentarmos vivenciar esta experiência de maneira convergente, colaborativa e com a noção clara de unidade. Em base somos uma grande unidade que "sempre" esteve em estado pleno, de equilíbrio e, fazendo uma analogia didática às sensações que conhecemos, de grande paz e satisfação.

Muitas vezes alguns nichos da sociedade tendem a esperar do exterior ações que possam nos promover as bonanças. Algo como esperar ações benevolentes de Deus ou qualquer outra instância metafísica em prol daqueles que agem de acordo com suas verdades ou doutrinas. Eu entendo que este conceito decorre de uma percepção plausível de que a busca pelo estado pleno é que promove o "bem". Contudo, pensar em Deus ou qualquer entidade superior, absoluta, como algo de ação em função de algo menor pode significar uma interpretação possivelmente errônea de que somos o centro do Universo.

Em resumo, não é interessante pensar que algo será feito milagrosamente para nós, enquanto indivíduos ou grupos, mas que temos que buscar e compreender uma realidade maior, definida por delineares conceptivos mais amplos, para que possamos usufruir dos seus benefícios. O resultado disso pode não ser tão diferente, pois nos dois casos estamos buscando uma situação de equilíbrio conosco e o ambiente em prol de uma vida melhor, porém, ter a ideia de que nós que promovemos as melhorias em função de "bebermos" de uma fonte maravilhosa ao invés de esperarmos algo em função de nossa simples consonância, pode nos auxiliar em atitudes mais ampliativas em prol de um conhecimento maior do todo.

Se fosse fazer um paralelo com a religiosidade eu diria que não é Deus que olha pelos Homens, mas os Homens que olham por Deus.

Continuando, imagine um mundo plano; é assim que acabamos percebendo o mundo. Aquilo que nos parece tridimensional começa a se mostrar absolutamente limitado, como uma realidade presa em um mísero espaço e tempo que claramente é rodeada ou permeada de infinitas possibilidades. Como se houvesse mais "tempos" ou "espaços" a nossa volta ou aqui mesmo dentro de nossa realidade.

Para perceber isso, você pode tentar uma experiência sensorial bastante simples. Comece a olhar a sua volta e observar tudo o que é possível. Faça isso por algum tempo e meio sem propósito, apenas observe. Inicialmente você perceberá o mundo que conhece e com as expectativas padrão. Verá pessoas, animais, objetos, cenários, monumentos, elementos naturais e poderá até observar mais ao longe visualizando o "Universo".

Agora que você já percebeu o mundo que te rodeia, comece a observar tudo isso com outro olhar, tente tirar mentalmente o propósito das coisas, as definições humanas, os conceitos estipulados, comece a olhar meio que desfocado. Aos poucos se sentirá parcialmente em um sonho e isso é uma fase importante da experiência proposta.

Comece, então, a perceber que os vínculos, as relações do que entendemos por mundo são "manipulações" de nossa mente e passe a tatear o que seriam os delineares, ou seja, perceba a grande capacidade de criação de realidade que temos usando da fonte da plenitude.

Agora que começa a entender, relembre da nossa limitação sensorial teoricamente física e perceba que esta mesma limitação possa estar atrelada ao que concebemos do próprio mundo. Lembre-se que em nossa hipótese, nós fazemos parte do desenvolvimento, da criação da realidade concebida.

Considerando esta limitação, em continuidade a esta experiência, você verá através de sua lente que muito desse mundo já pode ter sido construído, imaginado e que o cenário com os objetos que consegue ver não passam de mera superfície plana, como uma pintura de papel. Nossa própria noção de tridimensionalidade começa a perder a grandeza e aquilo que era absoluto, passa a ser de extrema limitação.

Didaticamente falando, pra fazermos um paralelo, é como se nossa tridimensionalidade fosse a bidimensionalidade concebida hoje, ou seja, como se outras instâncias do delinear conceptivo pudesse conceber um mundo muito mais vasto através de outras percepções da realidade, de outras dimensões ainda não percebidas por nós.

Talvez estas instâncias existam e possuem outro tipo de relação conosco, talvez elas nos percebam mas nós ainda temos que traçar uma jornada para perceber outras ampliações de delineares e de consequente entendimento. Essa é a multidimensionalidade dos delineares.

Assim, as dimensões da realidade devem estar ligadas fortemente aos nossos sentidos, ou seja, quanto mais ampliamos os sentidos, mais sentimos a existência. Isso pode ter forte relação com nossa capacidade de compor o mundo, ou seja, conforme o ampliamos, ampliamos também a nossa capacidade sensitiva.

Em alguns momentos mencionei sobre a atemporalidade da existência plena e justifiquei as citações de tempo como uma ferramenta didática de entendimento. Realmente não vejo muita possibilidade de entendermos uma realidade em que o tempo não exista. Nossa própria base filosófica de entendimento de mundo é baseada em ações, em transformações, ou seja, em passagem de tempo.

Nossa linguagem é estruturada dessa forma, pois os conteúdos seguem conexões temporais. Uma letra após a outra, um caractere seguido do outro, uma ideia ligada a outra por meio do tempo.

Apesar de tudo isso e de nossa percepção temporal restrita, é válido considerarmos que com a hipótese da plenitude, ou seja, de uma realidade sem forma e "composta" de tudo o que há "ou não há", não há como conceber tempo em uma unidade absoluta.

Podemos entender todas as ocorrências e os pulsares da existência que formam os delineares como pinceladas de uma realidade estática. Se pensarmos na existência em vários níveis de delineares, entenderemos que nossa compreensão de mundo está restrita a apenas uma camada de delinear, assim, outras camadas poderiam nem mesmo considerar ou conceber o tempo como o entendemos hoje.

Considerando o conceito de que não há tempo na plenitude, não poderíamos conceber viagens no tempo para alterar passado e futuro, contudo, os delineares podem resultar em ampliação do conhecimento sobre tudo, permitindo entendermos e até vivenciarmos estes acontecimentos "congelados" na plenitude.

É como se pudéssemos compreender tudo o que há, resultante das parcialidades da realidade plena, e "viajarmos no tempo" em plena vivência de qualquer possibilidade. Vivenciando sua vida passada, futura, a vida de outros, a existência de coisas e até mesmo o entendimento das outras camadas.

De qualquer maneira, provavelmente tudo isso não lhe faria sentido algum, pois mergulhar no entendimento pleno te esgotaria enquanto individuo e te "levaria" a um estado de difícil compreensão, um estado absolutamente equilibrado e irretocável. Como a própria dualidade do tudo e do nada.

Não é fácil tentarmos entender o que seria a atemporalidade, o que seria algo absolutamente pleno, mas a busca pelo entendimento nos permite avançar e viver de maneira mais sensata, serena e pacífica.

Remonto aqui a questão intricadamente ligada à explanação sobre o conceito de viagens temporais, que é a do pressuposto de nossa existência enquanto autoconsciência. Já refletimos que estas concepções da própria existência podem ser individuais, coletivas ou até "inanimadas", estas baseadas em conceitos que nem conhecemos. Criamos a hipótese delas serem resultantes de um aglomerado de "conteúdos" sejam materiais, idealísticos ou de formas não compreendidas por nossa restrição de sentidos e que simplesmente conseguem montar uma autoconsciência. Refletimos também que estes aglomerados, nomeados aqui por delineares conceptivos, são mutáveis, voláteis e que não passam de "movimentos" de foco, ou seja, que se recompõe constantemente.

Com isso, é plausível percebermos que a ideia da existência real do indivíduo depende da crença ou da certeza de que estes delineares específicos, que formam cada autoconsciência, sejam uma base essencial da existência da percepção de tudo o que há, ou seja, deduz-se que nós, enquanto indivíduos, é quem concebe o mundo real.

O contraponto remete à percepção de que o mundo real é aquele da plenitude, e que toda forma de concepção existencial decorre de parcialidades deste, de uma distorção que resulta em formas desequilibradas de um estado absoluto.

Considerando que estamos focando na segunda hipótese, em que tudo decorre de parcialidades de algo pleno, vamos tentar compreender os problemas e dificuldades da vida humana, aquelas relativamente tangíveis a nós, como um punhado de informações. Isso nos ajuda a refletir sobre nossa postura diante das discórdias ocorridas em nossa rotina. Será que nossos delineares confrontam-se com os dos outros, ou seja, será que as autoconsciências se contrapõe?

Muitas vezes tendemos a rotular pessoas ou até animais enquanto boas ou más, simplesmente consideramos que existe uma essência nelas que somando-se todas as suas características resume-se em uma definição única e limitada.

Já percebemos aqui que a hipótese da plenitude apresentada nos permite a assimilação de que existe uma realidade, esta equilibrada e absoluta e suas parcialidades, definidas pelos delineares conceptivos da realidade. Estas parcialidades acabam distorcendo o mundo harmonioso e gerando desconfortos. Ilustrando um pouco, é como se houvesse uma bela imagem de uma flor, daquelas que nos causam grande encantamento, e decidíssemos recortá-la e observar somente uma pequena porção de seu caule, por exemplo. Desta forma, todo o encantamento estaria corrompido pela parcialidade do todo.

Quero pegar essa imagem mental concebida para criar um paralelo com a realidade plena e as nossas concepções de realidade, inclusive de nós mesmos. Pensando que só existe a fonte equilibrada de existência e suas parcialidades, será que devemos considerar que cada um de nós, que cada autoconsciência é real? Não digo real no sentido de a percebermos, mas real no sentido de existirmos enquanto fonte primária?

O que pretendo com isso? Na verdade, quero propor que somos compostos por parcialidades de um "conteúdo" infinito, simplesmente um conjunto delimitado deste conteúdo e constantemente mutável em sua existência. Assim, não deveríamos conceber uma pessoa como boa ou má, mas talvez entendermos que as motivações de melhoras devem ocorrer em cima de conceitos, de noções, de sensações; em resumo, sobre delineares específicos. Existem parcialidades de dor, de ódio, de assassinato e muitas outras; elas resultam em desequilíbrio e, possivelmente, são muito mais "combatíveis" que pessoas.

Tendo essa noção em mente, fica mais fácil buscar o que há de melhor em cada um de nossos convívios, de nosso ambiente e como um grande organismo, ampliar o conhecimento de uma realidade composta por tudo o que há, na verdade, sem que possamos compreender. Esta simplesmente absoluta em seu existir.

Desta forma, para que possamos evitar discórdias e desequilíbrios e motivarmos melhoria ambiental para todos, temos que entender que não discutimos ou discordamos de pessoas, são apenas delineares de uma parcialidade. Nem mesmo somos uma realidade.

Buscar a ampliação e a disseminação da diminuição da parcialidade, logo com a ampliação do conhecimento fundamental, deve surtir em resultados muito mais significativos que entrar em conflito com pessoas, sociedades ou qualquer outra composição de rótulo.

Reforçamos até aqui a noção de que tudo que compõe a nossa realidade é quase que uma imaginação, o pincelar artístico resultante de pulsares distorcidos de uma realidade pura e plena. Muitas pessoas, tendo alguma ideia de que podem ampliar seus conhecimentos, procuram nas externalidades as respostas de suas dúvidas e acabam presas em um círculo quase sem fim nas derrapagens da formação de conhecimento de nossa sociedade ou civilização.

Esta rotina está muito presente em nossas vidas e com isso acabamos restritos à composição delineativa já estabelecida pela limitação de nossos cinco sentidos conhecidos. Normalmente, quando queremos ampliação de conhecimento buscamos a ciência humana para este fim; não quero insinuar aqui que essa não seja uma escolha possível e positiva, nem mesmo confrontar às buscas por meio de religião, metafísica ou quaisquer outras formas de conhecimento, mas quero propor na hipótese que estamos construindo que a fonte ampliadora do entendimento da existência está menos no externo e mais no interno.

Quando tratamos da dualidade da porção interna e da porção externa de nós, podemos deduzir que a realidade concebida e concreta é a que está fora, ou seja, aquela que vivenciamos com nossos sentidos conhecidos e o que está dentro não passa de imaginação, sonhos e delírios. Contudo, toda a realidade estruturada concebida é uma interpretação limitada às nossas ferramentas físicas, ou seja, não compreende à possível realidade como um todo. Quando dizemos que devemos olhar para dentro de nós mesmos para encontrar Deus, na verdade, seria uma forma de tentarmos nos desligar dessa limitação de nossa compreensão de existência para tatearmos a essência.

Às vezes trato de limitações dos sentidos conhecidos e falo sobre ferramental físico, da matéria, mais uma vez ressalto que isto está fortemente ligado à tentativa didática de explicação e assimilação de conteúdo. Não considero que todos nos limitemos conscientemente aos cinco sentidos, percebo nas pessoas forte capacidade sensitiva, de percepção do metafísico, ou seja, daquilo que a ciência concreta do Homem não define como realidade. Mas, infelizmente, trato de forma geral, pois mesmo aqueles mais "espiritualizados" acabam se limitando majoritariamente à questionável realidade que conhecemos. Na verdade, normalmente não vejo como evoluirmos de forma equilibrada sem termos como ponto de partida a noção de que somos indivíduos materiais e sociais; essa é uma premissa que nos foi imposta e que acaba servindo como trampolim para uma nova fase de percepção da existência.

Considero que experiências humanas e mentais que se voltam ao interior, que são executadas com os olhos fechados com o maior isolamento possível ao exterior, são ferramentas importantes para a compreensão de que existe muito mais a ser percebido de mundo. O equilíbrio entre as nossas várias percepções possíveis, seja refletindo uma questão material, seja buscando hipóteses para o que não conhecemos, nos permite sair da rotina inerte mental e perceptiva para a decorrência da ampliação dos delineares conceptivos da existência.

Quanto mais formos seres de rotina, quanto mais vivenciarmos o que nos for colocado pelos meios de comunicação estruturados e popularizados, menos enxergaremos e perceberemos as demais possibilidades do Mundo e, consequentemente, menos felizes e harmoniosos seremos.

Agora vamos discorrer um pouco mais sobre as maneiras de concepção de mundo por cada uma das autoconsciências. A realidade é baseada em nossa capacidade de compreender o mundo, cada forma de vida pode conceber uma realidade completamente diferente uma da outra. Como assim?

Já falei aqui sobre as características sensoriais, dos sentidos que permitem que seres possam perceber a realidade. Temos a ideia também de que a partir destes sentidos cada um deles pode interpretar os dados assimilados através de mecanismos cerebrais, por exemplo. Assim, já começamos a entender que existem inúmeros empecilhos para que a suposta realidade seja concebida em sua plenitude, ou mesmo em sua parcialidade.

Quando falo que cada autoconsciência realiza seu mundo de maneira peculiar, significa, por exemplo, que nós seres humanos, mesmo com nossa empáfia baseada na imaginação de que entendemos as coisas de maneira satisfatória e superior, apenas nos limitamos a uma proporção do quase nada do entendimento de algo absoluto. Na verdade, suponho que nossa percepção baseada na audição, olfato, tato, paladar e a tão glorificada visão seja simplesmente um engatinhar no desenvolvimento perceptivo dos delineares mais complexos à nossa volta. Complementarmente, sabemos que mesmo os cinco sentidos conhecidos ainda são bastante primitivos e mal conseguem perceber todas as ondas sonoras, de luz e demais percepções correlatas.

Isso se aplica aos demais seres e ainda além, as demais autoconsciências de nosso entorno delineativo, ou seja, aqueles delineares que conseguimos compreender. Pensarmos que os animais são menos evoluídos que nós, que a sociedade coletivamente falha mais que nós enquanto indivíduos, pensar em sermos especiais em conhecimento acaba nos limitando na capacidade cooperativa e de ampliação de entendimento. Devemos entender que os "delineares do entorno" devem estar equilibrados conosco para que possamos abrir "os portais" de patamares mais amplos.

É bastante evidente que ao entendermos que captamos a realidade em função dos nossos sentidos, entendemos que a probabilidade de não captarmos infinitas possibilidades que estão a nossa volta é uma possibilidade naturalmente consequente. As coisas do mundo só existem para nós porque as percebemos, simplesmente isso; assim, tudo o que deve estar ao nosso entorno e até dentro de nós, se não fizer parte das frequências que percebemos, não existirá pra nós.

Para que refletimos isso? Basicamente pra percebemos que não somos exclusivos enquanto percepção material, mas que somos infinitos em possibilidade evolutiva, assim como os demais delineares da existência, incluindo animais, sociedades e até "coisas". É uma forma de considerarmos que há muita "realidade" que nem fazemos ideia e que se assumirmos humildemente nossa limitação, teremos condições de buscar individualmente e coletivamente seu entendimento, ampliando assim nossos delineares.

Retomando o apontamento do virtual portal existente em cada delinear, em cada um de nós, podemos trabalhar exercícios que podem ampliar nossa capacidade perceptiva. Vamos tentar uma atividade:

Assim como muitas propostas de espiritualidade ou acesso à mente conhecidas, precisaremos de um estado equilibrado, sereno e tranquilo. Sem luz e qualquer tipo de som; pelo menos o melhor que puder fazer em relação a isso. Não se esqueça que é mais difícil fazer a atividade e a leitura ao mesmo tempo, portanto, leia atentamente antes e depois relembre cada passo ou simplesmente grave sua leitura pra ouvir depois.

Agora olhe bem em seu entorno, conceba essa realidade como uma projeção, como imagens criadas e que não compõe a realidade, assim como já exercitamos anteriormente.

Depois disso, tendo essa imagem desconstruída, feche seus olhos e apenas respire suavemente. Faça isso por alguns segundos ou até minutos, quando perceber que está em estado de leveza física, busque a leveza da mente. Tente inicialmente pensar em coisas tranquilas, em locais harmoniosos e relações pacíficas. Pense em paisagens, animais, pessoas, mas sempre de maneira absolutamente harmoniosa.

Quando encontrar a paz interior, a morosidade física e mental, quando sentir-se se desconectando com a percepção de mundo externa, comece a sentir energias surgirem em você; estas energias podem ser luzes, forças, sons, não importa, use o que você tem pra senti-las.

Sinta que essa energia está em você, mas não somente no seu corpo e sim em tudo o que você entende por existir, em tudo o que pode perceber e conhecer da existência; é uma energia que brota de você e emerge em um portal para o conhecimento. Ela é tão forte, intensa que rompe os limites de sua autoconsciência.

Você pode imaginar um portal mesmo, uma janela para outros horizontes, outras possibilidades que nem pode compreender.

Agora mergulhe nesse portal e deixe de ser você, agora simplesmente seu entendimento faz parte das possibilidades, de delineares mais amplos; agora você começa a sentir-se Deus, começa a tatear a plenitude. Esse é um momento de ampliação, de experimentação e de integração com tudo. Aqui não existe superioridade, diferenciação das vidas terráqueas, aqui tudo se converge e ao mesmo tempo se diluí e se expande.

Sentindo toda essa possibilidade grandiosa, comece a voltar e reflita que tudo o que começou a tatear é apenas um grau de delineares que nem compreendemos e que, de fato, provavelmente estão ainda infinitamente longe da realidade, do absoluto.

Sei que muitos podem considerar que essa experiência não passou da própria imaginação humana, mas de onde vem todo o conteúdo de nossa mente? Apenas de conexões neurológicas? Se nos restringirmos à ciência concreta do Homem e não ampliarmos as possibilidades, usando todos os recursos que nos parecer coerentes e perceptivos, corremos o risco de nos fadarmos à inércia.

Um ponto interessante pra pensarmos, mantendo a relação da hipótese dos delineares conceptivos e os pulsares da existência, é a ciclicidade das ações e pensamentos da humanidade. Talvez isso nos remeta a uma lógica de retorno constante contemplado nas pinceladas anacrônicas da existência do todo.

Essa ocorrência cíclica pode não só contemplar a existência humana, mas também ser uma característica dos pulsarem que formam tudo o que se concebe na existência.

Essa afirmação pode não ser a mais confortável pois poderia nos levar a acreditar que nunca evoluiremos de fato, pois sempre retornaríamos a um estado primitivo, contudo, pensar desta maneira é estar limitado a existência física conhecida do indivíduo, baseada em vida e morte, baseada nos sentidos conhecidos.

Como eu já explanei, sugiro que nossa autoconsciência seja apenas resultante de conjunto de informações, delineares de uma matriz absoluta; isso faria com que não houvesse o que pensar em você enquanto um indivíduo cíclico e sim em você enquanto uma possibilidade infinita de evolução, mas precisamente sem seu individualismo, apenas fazendo parte de algo "maior" e plenamente equilibrado.

Assim, os pulsares cíclicos apenas formariam novos delineares insistentemente, não ligados necessariamente ao seu existir individual. Didaticamente falando, seria como se você evoluísse e novas existências começariam uma vida primitiva. Claro que esse é um conceito abstrato e não aplicável à realidade proposta, mas é uma forma de pensar que se encaixaria melhor às nossas limitações.

A ideia básica para uma tentativa de explicar uma suposta realidade, seria que não há indivíduos, apenas olhares para as parcialidades do pleno. Mas ainda não teríamos condições de explicar logicamente o que seria esse "olhar", pois dependeria de um observador, não considerado em uma existência do todo ou do nada, plenamente absoluta.

Gostaria de retomar a reflexão da forma como cada um de nós entende a "realidade"; este tema acaba sendo recorrente nesta obra devido a importância nele existente. Não podemos sair desta leitura sem um bom entendimento de que toda a realidade que entendemos, tudo o que vemos, sentimos, acreditamos seja simplesmente decorrente de nossa singular e limitada forma de perceber o mundo.

A realidade é baseada em nossa capacidade de compreender o mundo. Cada forma de vida pode conceber uma realidade completamente diferente uma da outra.

Esse conceito deve ser fixado em nossa mente para que possamos compreender a proposta dos delineares e, então, começarmos a navegação menos inconsciente à plenitude. Claro que os contornos que formas as concepções de realidade são "mutáveis" e que sua simples existência já promovem ampliações ou reduções, mas a capacidade de equilibrar-se e ampliar a visão sobre as fontes maiores de conhecimento e consequente acréscimo de sensibilidade e percepção existencial podem sim serem potencializados por buscas mais doutrinadas.

O que quero dizer com isso? Que simplesmente ficar na inércia esperando a ampliação do entendimento da vida pode não ser a maneira mais vívida para este propósito. Contudo, não podemos confundir inércia com meditação ou atitude positiva com pressa e proatividade; o que proponho aqui é a busca equilibrada de um "universo" interior e não uma busca pelas fantasias sociais.

Ficar dez minutos meditando pode ser muito mais ampliativo que ficar uma vida estudando os conhecimentos forjados humanos, ou seja, o saber específico das construções, das leis, dos procedimentos públicos ou qualquer outro distante da essência podem não te tirar de delineares mais limitados e levar ao confinamento da restrita vida conhecida humana.

Entender que a realidade humana, a realidade de cada um dos animais, a realidade social, de cada civilização, de cada grupo espacial, de cada objeto inanimado, de cada sensação cósmica são gradativamente distintas e que nenhuma delas reflete plenamente a verdade pura e plena; respeitar cada uma dessas realidades e não promover desequilíbrio, dor, sofrimento a todas elas pode ser fundamental para o próprio equilíbrio e entendimento.

Remontando o conceito de realidade muito fundamentado no método científico humano, esse que garante provar a verdade através de observações, experimentos, analogias e assim por diante, podemos sem descartá-lo (método científico) absolutamente, trazer uma reflexão sobre a suposta realidade. Vamos pegar um exemplo avesso, a espiritualidade.

O que chamamos de espiritualidade? Aquilo que não conseguimos provar na matéria? Podemos depreender em nossa sociedade atual que apesar de iniciativas aderentes à metafísica, em que pessoas supostamente acreditam em fenômenos e existências não materiais, majoritariamente a humanidade está adstrita à certeza da comprovação positivista, ou seja, naquilo que podemos constatar pelos nossos sentidos básicos. Ou seja, enquanto que a ciência é vista como a perfeição da realidade comprovada, no outro extremo, a metafísica é o que menos consolida a certeza da realidade. Mas será que essa visão se esgota coerentemente? Aliás, será que a coerência é Universal ou totalmente restrita às nossas limitações?

Se considerarmos a hipótese dos delineares, em que tudo o que vivenciamos, tocamos, imaginamos e até desconhecemos faz parte de parcialidades de uma verdade absoluta e plena, chegaremos à simples conclusão de que ciência e espiritualidade convergem naquilo que há. Nos delineares da existência. Ou seja, ambas tratam de "verdades *inverdadeiras*", aquelas que existem enquanto composição de pulsares, que existem enquanto percepção parcial, mas que em essência e plenamente possuem possivelmente o mesmo valor.

Quando falo em valor, neste caso, não quero dizer que a ciência, a metafísica, a filosofia, religiões e outras opções pensadas, ou não, tenham a mesma importância para cada indivíduo, cada sociedade ou demais existências; falo apenas em valor de comprovação de realidade. Na verdade, o uso de cada ferramenta é a maneira que cada existência tem de conceber a sua realidade e assim buscar a ampliação dos delineares que a compõe.

Outra reflexão que podemos fazer, filosoficamente falando, é a questão da nossa relação existencial com o teórico corpo físico. Muitas vezes tendemos a dissociar alma, espírito, corpo e outros elementos passíveis de nossa composição enquanto existência. Claro que podemos didaticamente criarmos rótulos para entendermos cada elemento e podermos refletir em cima das relações mentais que criamos deles; contudo, dentro da teoria aqui apresentada, sabemos que essas diferenças são parcialidades, delineares de grupos "menores" que podem compor contornos amplos que poderiam nos ajudar no entendimento de nossa existência ampliada no mundo.

Ou seja, podemos pensar que a divisão de corpo e alma, por exemplo, é apenas uma maneira de entendermos uma existência em que esses dois elementos se confundem em um só ser. Desassociar estes elementos pode nos ajudar a buscar novos elementos além daqueles que nos acompanha rotineiramente, além de facilitar "modificações" positivas no corpo, na alma ou qualquer outro, a partir de elementos desconhecidos e alheios a estas limitações. Podemos até pensar em cura do corpo e da alma a partir de delineares maiores, ou melhor, mais que a cura a própria ampliação do entendimento destes problemas diluindo-os até que não façam mais nenhum sentido.

Seria como se você pudesse mais que eliminar uma doença, se distanciar dela, compreendê-la e enxergar que ela não faz nenhum sentido em uma existência maior. O segredo seria fazer parte deste delinear ampliado e é essa busca que pode nos interessar enquanto indivíduos, coletivo ou demais autoconsciências como já discorremos nesta obra.

Nesta mesma temática, surge uma reflexão interessante: Será que realmente nosso corpo envelhece ou quanto mais sabemos mais nos distanciamos dele e com isso se desgasta por falta de "uso"?

Chega a ser uma expressão indagativa um pouco cômica, mas que deve ser levada em consideração. A ideia é de que quanto mais percebemos delineares maiores, quanto mais entendemos a existência em proximidade com o conhecimento da plenitude, mais diluímos nossa compreensão de vida cotidiana e nisso inclui o próprio conceito material de corpo e até de alma. No caso do primeiro, esta percepção de que a ampliação do entendimento nos afasta do nosso corpo, enquanto limitação de entendimento, poderia até nos dar luz em relação à angústia da suposta certeza da morte. Aliás, esse conceito também poderia ser diluído com o distanciamento decorrente da ampliação dos delineares conceptivos formados a partir dos pulsares da existência do todo.

Em resumo, poderíamos constatar que quanto menos ligados à matéria e ao contexto de vida conhecido estivéssemos, mais próximos de um entendimento maior e distante das aflições da morte estaríamos.

Em aderência a esse ponto, valeria uma tentativa de experimentar possibilidades além dessa percepção material conhecida para tatear ampliações que pudessem inclusive "influenciar" positivamente nosso estado sensorial, físico e mental.

Já tive algumas experiências bastante válidas de mentalizar ou sentir elementos desconhecidos, como luzes, energias, ondas ou outros que pudessem adentrar o nosso corpo com poderes curativos ou de harmonização. Muitos poderiam pensar em pura especulação ou metafísica não provada; aliás, já discorremos um pouco sobre o que seria a prova científica. Contudo, não me parece coincidência que vários povos distintos busquem alcançar influencias modificadoras de algo desconhecido.

Em algumas passagens históricas da humanidade, e aqui não pretendo ser um historiador detalhando ocorrências, são relatadas tentativas de explicar as motivações do ser humano buscar respostas no além; inclusive nos tempos atuais, muito se repete que simplesmente a falta do senso de justiça social e de entendimento das origens poderia simplesmente e naturalmente fazer com que a imaginação humana tendesse para a busca da muleta, do alicerce, do amparo ou qualquer outro termo que o defina. Isso pode fazer sentido quase da mesma maneira que tudo o que supostamente conhecemos também seja fruto de nossa criação imaginativa. Não existe uma obra canônica e cósmica que possa garantir que tudo o que concebemos não passa de crença. Mesmo os concretismos mais racionais dependem de base filosófica, de teoria básica existencial que inclusive já divagamos por aqui.

Desta forma pretendo apenas que possamos dar validade às experiências e buscar elementos novos, alheios aos concretismos racionais, os quais são válidos mas não sugiro que sejam restritivos. Sugiro que tenhamos a base científica, a crença da realidade que conhecemos, baseada naquilo que vemos, ouvimos, sentimos, mas que complementemos com possibilidades infinitas e evolutivas.

Podemos pensar que não haveria como simplesmente criar realidade, mas sim usar elementos de criação. Seria como congregar elementos em focos que pudessem discernir realidades dependendo do foco da autoconsciência. Como assim?

Tudo o que podemos pensar, imaginar parece ser baseado em suposta "realidade", sendo necessário para sua concepção uma base em delineares de níveis diferentes. É como se não houvesse distinção de verdade ou realidade entre concretismo e subjetivismo, simplesmente porque os dois são baseados na mesma base da plenitude criacional.

Se podemos pensar profundamente para buscarmos novas verdades, então podemos sugerir propostas harmoniosas e enriquecedoras neste texto.

Vamos pensar em nosso corpo e nossa realidade como um conjunto de elementos muito pequenos e que nos permite conceber tridimensionalmente a realidade, ou seja, tudo o que vemos e sentimos é refletido destes pontos e assim nada mais existiria.

Agora amplie o conceito e tente visualizar esses pontos aflorando e ampliando seu volume de dentro pra fora, simplesmente sem ocupar o espaço de seus pontos vizinhos. Racionalmente falando não daria pra imaginar uma expansão sem ampliação de espaço tridimensional e é aí que entra a pluridimensionalidade.

Já existem hipóteses científicas que remetem a esses vetores, mas vamos aqui nos concentrar na ideia. Olhe pra "dentro" de você se desligando das sensações materiais conhecidas e procure uma brecha para outras dimensões. Tente olhar profundamente e baseado no vazio, sem ter imaginações de coisas que já conheça, a procura de uma fenda ou portal no limite de sua autoconsciência.

Quando encontrar talvez você seja capaz de perder um pouco de sua percepção de "eu" e possa sentir um fluxo de elementos desconhecidos em ambos os sentidos. Você pode tentar atravessar esse portal rumo a uma área absolutamente magnífica e de difícil compreensão, simplesmente tentando sentir sua magnitude e/ou fazer com que essa força adentre seu corpo e mente aflorando cada ponto destes permitindo a desconstrução ou banalização de sua própria existência física.

Esta experiência pode ser muito positiva em ambos os sentidos, pois permite que você consiga superar suas dificuldades de vida simplesmente compreendendo que elas são porções muito pequenas ou inexistentes em patamares mais amplos e acessíveis. Talvez não consigamos operar milagres nesta experiência, pois a busca sempre tende a ser gradativa, mas podemos ter melhoras sensíveis em nosso dia a dia e essa é a beleza da filosofia; permitir às mentes humanas, sociais ou outros a possibilidade de entender e ampliar, se distanciando paulatinamente do que é menos relevante.

Refletindo ainda sobre questões que interferem em nosso emocional a partir da maneira como entendemos a vida, vamos "jogar" um pouco com o concretismo daquilo que acreditamos. Normalmente, frente a uma realidade positivista, baseada naquilo que podemos compreender dentro dos limites de nossos sentidos conhecidos, tendemos a basear nossas emoções como a tristeza e a alegria em função daquilo que vivenciamos. Outro ponto sobre isso é o sofrimento da ideia de morte que acontece tanto no receio do próprio fim, quanto do fim das pessoas ou seres queridos. Expandindo, temos também o pavor pelo pós morte, que para alguns remete a uma inexistência eterna e pra outros a possibilidades múltiplas de incertezas.

Todas essas sensações apresentadas são sempre baseadas naquilo que conhecemos concretamente, mas podemos também buscar outro caminho e entender que não sofremos pelos filhos que não temos, não recordamos de termos sofrido ou nos alegrarmos antes de termos nascido, não temos consciência de influências em nossas vidas materiais daquilo que não conseguimos perceber. Fazemos escolhas simples que influenciam a base de nossas emoções.

Se tentarmos uma experiência lúdica, cênica, de vivenciarmos uma história fictícia, teremos condições plenas de sentirmos a dor ou a alegria dessa simulação. Essa é uma experiência usada, por exemplo, por atores em atuação. Talvez, a atuação mais convincente seja aquela em que o ator se percebe imerso na história em que está envolvido.

Se pensarmos na simulada existência de um filho e conseguirmos mergulhar nessa ideia, assim como vivenciamos nos sonhos, e então imaginarmos que o mesmo está imerso em situação de dor, certamente começaremos a tatear um sofrimento em cima daquilo que passamos a conceber como verdade. Isso acaba acontecendo com a ideia do pós morte, em que sofremos baseando-se em uma possível realidade desconhecida e "fictícia", mas que concretizamos como verdade enquanto civilização humana.

A questão é: Será que o foco está correto?

Se pensarmos bem e nos alinharmos com a ideia dos delineares, em que toda a realidade é consequente de nossa interpretação de contexto ainda maiores, perceberemos que na verdade sofremos por ficções e que temos condições de montarmos nossas histórias. Se fizermos isso, mesmo que gradativamente, teremos condições de melhorar essas histórias, remodelá-las e, então, manipular e reconstruir a realidade que nos monta. Isso pode parecer muito extravagante, mas é um primeiro passo para promovermos mudanças importantes em nossa concepção de mundo e em nosso bem estar "real".

Muitas pessoas podem questionar tudo o que está sendo colocado aqui e certamente terão argumentos lógicos e plausíveis em sua defesa, aliás, tudo o que coloco aqui pode ser encarado desta forma, como simples argumentos. Vai ser complicado eu garantir que o que escrevo está além de discurso, mas o quero propor é que o conhecimento está à nossa volta e que podemos capturá-lo das diversas maneiras. Nossa forma de disseminar isso é através da linguagem e a construímos por meio dos argumentos.

Contudo, percebo fortemente e historicamente na nossa sociedade e civilização que incorremos na ação limitadora de convencermos a nós mesmos enquanto individualidade e coletivo de que as verdades são baseadas em construções linguísticas, ou seja, usamos de argumentos bem construídos para promover o convencimento.

Provavelmente, ao usar deste recurso poderemos não estar levando em consideração uma percepção sensitiva que vai além das palavras ou dos gestos; talvez seja difícil a compreendermos pois provavelmente trata-se de construções delineativas mais complexas e amplas que nossa possibilidade de entendimento; devemos lembrar que as probabilidades mostram que é possível existir muito mais do que conhecemos, logo, nossas ferramentas como a linguagem e o argumento possivelmente sejam insignificantes frente às existências intermediárias até a plenitude.

Claro que essas minimalidades devem ser consideradas e que nossa compreensão está parcialmente adstrita a elas, mas quero ressaltar com afinco que basearmos nossa realidade e tudo o que cremos nos argumentos que nos são apresentados não deve ser o caminho único de condução e construção de nossa vida; todo argumento pode ser convincente e ao mesmo tempo rebatível, tudo depende de retórica no argumento.

Você já deve ter percebido que historicamente a ciência, através de homens, já nos deu várias teorias contraditórias sobre a física, a religião já apresentou várias incongruências em suas escrituras, a filosofia constantemente oferece concepções dicotômicas de uma mesma realidade e assim por diante. Pode parecer que quero tirar a legitimidade destes estudos humanos, mas, na verdade, quero apenas ilustrar que eles são dependentes de argumentos, de construções de ideias que muitas vezes motivam ou convertem uma nação, mas que na mesma proporção te levam a caminhos contraditórios na cronologia comum.

Quando um político usa um discurso para convencer seu povo, um médico usa de teorias já consolidadas para te dissuadir de que você precisa comer carne ou beber leite, quando um pai tenta mostrar para seu filho que ele deve agir de determinada maneira, mesmo ele atuando de forma oposta, tudo isso não passa do uso de uma ferramenta humana que propicia o convencimento, mesmo não sendo necessariamente a verdade. Agora, será que essa tal verdade realmente existe? O que seria essa verdade?

Lembremos que a proposta aqui é demonstrar que tudo o que há é resultante de parcialidades em vários níveis de uma realidade plena, ou seja, não existiriam verdades absolutas, mas verdades pontuais, baseadas em singularidades de níveis de compreensão. Na prática seria como se em cada nicho da percepção humana pudéssemos ter uma verdade que causasse equilíbrio no dia a dia. Isso é muito importante, pois entrarmos em equilíbrio é fundamental para podermos evoluir.

Quando usei alguns exemplos acima, de pessoas que usam argumentos para convencer sobre uma suposta verdade, usei fatores que temos a capacidade de questionar, frente a uma vivência conhecida, a fim de buscar um estado melhor de vida. O alerta aqui é que devemos tomar muito cuidado com os argumentos teoricamente sólidos, pois eles são simplesmente baseados em parcialidades, muitas vezes menores, e que é importante evoluir no entendimento para compreender quais verdades você será capaz de incorporar.

Assim você saberá que o político está usando recursos para te limitar, o médico pode não ter percebido que a humanidade evoluiu para uma convivência pacífica com seu entorno, permitindo uma alimentação diferenciada e completa, consequentemente não havendo mais a necessidade de promoção de dor, sofrimento e morte aos animais e que o pai pode educar seu filho com sensibilidade, com amor e parceria, não havendo mais a necessidade de imposição hierárquica. Aliás, muito mais que argumentos, podemos com energia, sensibilidade e amor nos harmonizarmos com os nossos delineares e de nosso entorno e percebermos a vida como um todo.

Talvez o caminho da sensibilidade, da ética da transcendência possa dar um resultado prático satisfatório que, mesmo não sendo necessariamente a buscada verdade, propicia uma busca mais equilibrada pelo entendimento universal.

Sempre procuro em minhas reflexões, escritas e conversas demonstrar aquilo que me parece mais sensato que é a busca por uma vida boa, agradável, em paz. Viver uma vida sincera, honesta consigo mesmo e com tudo o mais, viver isso de forma equilibrada pode ser o que nos vai dar condições deste padrão de vida buscado.

Infelizmente passamos por um momento em que a demasiada ânsia por novas sensações ultrapassou o limite do equilíbrio e se afastou da objetividade construída por cada existência. As pessoas estão cada vez mais objetivando alcançar um meio e não um fim. Como isso acontece?

Hoje em dia busca-se muito o enriquecimento monetário; o dinheiro se tornou uma meta pra uma vida boa. Com este instrumento torna-se possível viajar, adquirir produtos, conseguir prazeres da carne e desejo, se alimentar do melhor, dormir em conforto, garantir segurança e saúde. As pessoas, acreditando nestas afirmativas, começaram individualmente e socialmente a caçar o lucro em detrimento de entender o que realmente querem ou precisam.

Pouco se percebe que aquilo que realmente nos satisfaz está na nossa interpretação da vida, do mundo; que é possível sentir o que há de melhor naquilo que nos é oferecido, no alimento saudável, nos vegetais coloridos, na simplicidade das pessoas que nos trazem boas energias e em tudo o mais que nos dispusermos a acreditar ser bom, desde que realmente promova paz, harmonia e equilíbrio globais.

Com esta busca insana simplesmente chegamos em um ponto em que não há mais espaço para usufruir dos momentos bons da vida. Torna-se melhor trabalhar mais pra ganhar mais dinheiro, viajar mais pra poder exibir mais fotos; tudo muito gasoso e pouco experimental. A vida acelerada suprime a apreciação e se desliga do ritmo harmônico. Perdemos o prazer da melodia dos pássaros para ouvir barulhos ensurdecedores de instrumentos e gritos que mais parecem construtores em obras faraônicas. Perdemos a chance de evoluirmos e optamos por uma parada ou retrocesso momentâneos.

Contudo, isso não precisa ser pra todos; é possível construir realidades individuais e coletivas de forma alternativa, com delineares próprios que permitem uma maior aproximação com a essência plena e equilibrada de uma existência que está muito além de nossas capacidades perceptivas atuais.

Não precisamos seguir o fluxo, a moda da parcialidade e desmotivação atuais; apesar de ser difícil compreender, é possível viver de forma paralela, desprendida; é possível buscar os portais de dimensões próximas, de delineares de patamares ampliativos. Desprender-se da materialidade e rotina pode significar entender muito melhor tudo o que há, mesmo que muito lentamente. Lembremos que o tempo deve ser apenas uma ideia nossa, e que não precisamos estar absolutamente restritos a ele.

Agora, vamos tentar refletir algumas questões interessantes que permeiam nosso imaginário, são algumas delas:

Você se lembra da existência antes ou depois do nascimento e morte?

Será que nossa história é reflexo destas lembranças?

Já experimentou exercícios de regressão e "progressão"?

Para tentarmos entender parte destas questões, precisamos retomar a possibilidade didática do tempo e ir descontruindo o conceito; neste caso estamos tratando de "antes" e "depois", de "agora", ou seja, são referenciais temporais que nos permitirão um ponto de partida.

Quando nos restringimos ao conceito de vida e morte, estamos nos restringindo ao nosso entendimento racional e limitado de existência. Já até tratamos desta questão aqui, mas é importante tentarmos diluir estados degradantes, que causam incômodo e consequente desequilíbrio, por tratar-se da maneira natural de "elevar-se" a outros estágios de compreensão. Neste caso, não queremos o sofrimento da morte, pois trata-se de uma parcialidade de uma realidade perfeita. Tudo o que causa desequilíbrio é parcialidade.

Quando perguntamos se existiu consciência anterior à morte, estamos fazendo uma provocação referente ao temor da pós morte. A teórica falta de existência humana se fez no passado e se fará no futuro, seja com o pré nascimento, em que não existíamos, seja após morrermos. Esse paralelo demonstra facilmente que assim como não sofremos antes de nascermos, não temos porque sofrer a falta de existência futura. Aliás, limitar-se ao entendimento de existência vinculando esta à vida material conhecida, significa não abrir portas para a esperança. Se preferir ficar com a certeza científica de que não existe nenhum tipo de consciência fora do seu corpo físico, saberá que não há nada mais o que buscar fora de sua expectativa padrão de vida e bloqueará a possibilidade de desfrutar de uma possibilidade de continuidade, seja futura, seja passada.

Claro que imaginaríamos que não há o que se pensar em existência passada, pois nada nos lembramos desse tempo. Alguns dizem que se existisse reencarnação nos lembraríamos de tudo e isso não faria nenhum sentido sem as lembranças. Mas será que não faria mesmo sentido?

Nossa segunda pergunta nos traz luz a essa questão, pois quando pensamos em quem somos, em tudo o que nosso delinear conceptivo comporta, eu nossa concepção de sociedade e civilizatória; se pensarmos na percepção de existência Cósmica, perceberemos que existe muita realidade em nós, muito além de nossa restrição no tempo. Muitos podem garantir que essa é nossa capacidade especial, que os animais teoricamente não tem, de simplesmente carregar informações, de escrever, de transmitir dados nas várias gerações subsequentes; mas essa é apenas uma visão. O que nos garante que tudo o que somos e entendemos da realidade não seja consequente de uma formação que data do "infinito passado"?

Considerarmos as várias bases filosóficas que nos permitirão aplicar a lógica para qualquer um desses entendimentos, significa ampliarmos as possibilidades e, quem sabe, entendermos algo que nos negamos a tentar. Assim, pensar em acontecimentos passados que teoricamente não lembramos como parte de tudo o que somos, pode nos dar muitas respostas sobre a composição de nosso patamar dimensional que conhecemos e, assim, podermos compreender que existem vários outros níveis dimensionais, ou simplesmente coisas que não captamos com nossos sentidos, que nos influenciam, nos formam e estão a nossa volta o tempo todo.

Neste caso, começamos a diluir "o tempo todo" pois remontamos à hipótese de tudo ser uma realidade única e atemporal que se monta por focos distintos chamados aqui de delineares conceptivos da realidade, estes alimentados por impulsos desconhecidos da existência.

Para irmos ainda além, podemos entender o futuro após a morte como parte de um todo, que nos influencia, assim como a história passada prévia ao nascimento. Ou seja, aquilo que teoricamente entendemos como o que ainda não aconteceu, já nos influencia e nos monta enquanto delineares conceptivos, enquanto autoconsciência. Pensar em uma realidade em que não existe passado, presente ou futuro nos abre a uma nova e maravilhosa forma de pensar e, assim, a um lugar novo e amplamente capaz de nos surpreender e de ampliar tudo o que há em nosso conhecimento.

A psicologia que conhecemos nos permite termos experiências interessantes de regressão que nos leva a tentar captar um pouco daquilo que não lembramos do passado remoto. A experiência é bastante válida e, dentro de nossa hipótese apresentada, pode ser ampliada à possibilidade da "progressão", ou seja, capaz de nos levar a esse futuro que nos influencia e nos forma.

Fazer exercícios para nos entender e nos desligar das referências materiais que insistimos em chamar de única realidade existente pode ser a chave de uma revolução conceptiva. Considero não valer à pena deixarmos essa oportunidade descartada.

Retomando à questão da autoconsciência, para cada vez mais tentarmos entender o nosso papel no Mundo, vale a tentativa de desconstrução de um dogma de referência existencial muito importante, aquele que afirma categoricamente que somos seres que nascem, vivem e morrem, isso de forma cronológica e absolutamente definida.

Já tratei aqui, algumas vezes, de conceitos sobre tempo e sobre morte e gostaria de trabalhar com a ideia de que conscientemente não temos que pensar em existência contínua de nossa autoconsciência, em tese, ela é apenas delinear de conteúdos. Isso está diretamente ligado à questão de que um determinado conjunto de elementos para nós complexos são "observados" e resultam em um ser, um conceito coletivo ou em algo.

Como eu já havia comentado, temos certa dificuldade em definir o que ou quem observa a fonte perfeita de "informações" para criar cada um de nós. Se pensarmos logicamente, o próprio observador criador de cada existência seria nós mesmos ou o levante de certas divindades. Não é à toa que a própria religião busca nas divindades esse criador observador, enquanto que alguns mais céticos preferem simplesmente dizer que esse observador somos nós mesmo, sem que para isso haja qualquer lógica, seja em uma crença seja em outra.

Prefiro tentar entender que essa necessidade de observador seja suprida pela capacidade de certos conjuntos de conteúdos comporem elementos tão complexos que, a partir de certas ligações, compões uma capacidade de se auto compreender. Na verdade, seria como se a autoconsciência fosse uma ilusão, vou tentar demonstrar com exemplo.

Você já ouviu falar de Inteligência Artificial? Pelo menos já deve ter visto em livros, filmes ou histórias alguns robôs que começam a desenvolver capacidades humanas ou animais, inclusive com a auto capacitação de sentimentos.

Outra versão da Inteligência Artificial é aquela que permite que certas programações computacionais sejam capazes de responder às suas perguntas; cada vez mais essas programações são capazes de autossuficiência em se virar com a linguagem.

O que seriam essas programações? Simplesmente cálculos/algoritmos que identificam certos padrões/recorrências que, em função de certas motivações, avaliam qual dado deve ser transmitido como resposta. Ou seja, se uma pessoa diz "oi" a uma programação de Inteligência Artificial, ele certamente responderá um "oi" de volta devido a uma programação de recorrência de uso na fala humana. Ainda, essa programação poderia evoluir pra uma auto capacidade de criar novas recorrências e padrões em função de cruzamento de perguntas e respostas, tornando isso cada vez mais complexo.

Alguns poderão questionar que para isso tem que haver um criador/observador, neste caso representado por um humano programador, contudo, essa capacidade de se auto construir a partir de uma base de dados pode ser uma dica de como cada um de nós se auto programou para simular uma autoconsciência real.

Se adotarmos o conceito da ciclicidade e da atemporalidade, perceberemos que a necessidade de um ponto de partida pode começar a se diluir e então poderemos vislumbrar uma possibilidade de desenvolvimento de existência de cada um de nós sem a necessidade de uma criação inicial ou de uma existência individual ou coletiva real. Simplesmente haveria a suposta necessidade de uma fonte Universal, esta representada aqui pela plenitude ou qualquer outra expressão que identifique a existência do tudo ou nada absolutos. A partir desta fonte, tudo seria possível, pois sua parcialidade seria a explicação de toda e qualquer existência, sejam as pessoas, animais, coisas, sociedades, civilizações, espíritos, Cosmos e coisas que nem mesmo conhecemos.

Ainda não conseguimos chegar a um fechamento absolutamente lógico para a explicação de nossa existência, mas aos poucos, com bastante reflexão, imaginação, meditação, podemos tatear algumas possibilidades e abrir portas para novos horizontes. Não nos esqueçamos que essa reflexão não é para trazer angústia sobre um possível não existir e sim para trazer ainda mais paz e equilíbrio sobre fazer parte de uma realidade plenamente perfeita. Imagine não haver o bem ou o mal, não haver bandidos, maldades, não haver tudo o que te incomoda na Terra, nas pessoas, mesmo que não as incomode; imagine tudo ser apenas parcialidades e que, um dia, sua limitada autoconsciência possa se desprender de patamares menores em busca que algo muito maior?

Pode ser difícil se desvencilhar do apego individual, mas ter a chance e a expectativa de fazer parte ou entender algo absoluto me parece ainda mais maravilhoso. Lembre-se que a inércia tende a te levar à dor e sofrimento e, mesmo aquele que considera que as riquezas materiais o leva ao máximo prazer, mesmo aquele que considera que o dinheiro compra tudo, sucumbirá as lamúrias da vida e à falsa certeza do destino decadente, a morte.

Considerando a atinência a esta vida e destino fadados ao teórico fracasso, mesmo havendo momentos positivos, podemos então nos concentrar também no que buscamos para promover o nosso bem estar. Aliás, quase que unanimemente as pessoas e demais seres concordam, seja conscientemente seja inconscientemente, que a vida é boa quando estamos em estado de prazer ou pelo menos sem sofrimento.

Essa afirmação não é tão direta quando tratamos de subjetividades linguísticas que a define, muitas vezes as pessoas falam em sentir prazer na dor ou culpar-se pelo prazer; lembremos que nestes casos, na verdade, simplesmente a dor é o próprio prazer (não se caracterizando por dor autêntica) ou, no segundo caso, a culpa vem depois do prazer, separando teoricamente o bom do mau momento.

Em resumo, apesar das peculiaridades e pluralidades de interpretações, todos queremos equilíbrio e bem estar; de uma forma ou de outra.

Neste caso, interessante falarmos sobre aquilo que podemos fazer pra estar bem e aquilo que está fora do nosso alcance. Ou seja, se existe algo que possa fazer para melhorar uma condição e resolver um problema, dentro dos seus limites sensoriais, faça o seu melhor, contudo, se algo está fora de sua capacidade gradual sensorial, busque compreender melhor o todo para modificar isso em entendimento e não em simples solução pontual do problema.

O que quero dizer? Basicamente, se você consegue minimizar a fome comendo um alimento saudável, é prudente fazer isso positivamente, mas se não conseguir eliminar a dor de uma perda pela "morte" ou evitar uma catástrofe iminente, não se martirize por isso. Esta solução não está em suas capacidades sensoriais conhecidas, mas na busca de um entendimento maior, na compreensão de outros delineares representados por multidimensionalidades ou outros patamares de entendimento. Como eu já comentei, pode não parecer muito sensato, mas é um caminho válido de se buscar e tende a trazer resultados surpreendentes. Essa é uma forma de não basearmos nossa felicidade naquilo que esperamos, mas compreender a vida amplamente e desconstruir as dificuldades, pois elas não fazem parte da existência real e plena. No mínimo é uma busca.

Esta temática está em pleno acordo com a experiência que sugeri em que você acessa um portal que descontrói essa realidade, um portal de outro nível de entendimento em que todos os nossos problemas se tornam obsoletos.

Considerando a sugestão inicial desta obra em que propus liberdade temática, gostaria de sugerir debatermos um pouco questões mais materiais para ajudar na base da composição hipotética aqui tratada. Lembro que ainda retomarei assuntos mais "subjetivos", considerando que apesar dos rótulos, tudo depende do que acreditamos ser.

Muito se fala que o planeta Terra teria as condições ideais à formação da vida como a conhecemos e por isso que estamos aqui. Existem inúmeras teorias sobre o povoamento desta esfera terrestre que variam desde um ato intencional de uma entidade suprema, até ocorrências aleatórias que resultaram no que temos hoje. Considero que todas as hipóteses são esteticamente muito apreciáveis e, muitas vezes, nada excludentes entre elas.

Contudo, independente de refletirmos sobre a legitimidade de qualquer uma delas, acho interessante tentarmos quebrar paradigmas sobre as causas e consequências nesta relação entre vida e Terra.

Quero partir de duas afirmações: Uma é que o planeta Terra tem a característica ideal para nossa existência pelo fato de sermos consequência dela, ou seja, somos o que somos porque a

Terra é o que é. Isso também teria relação com o que já apresentei sobre nossa falsa impressão de sermos únicos e especiais. Dentro desta temática, entendemos que somos os escolhidos neste imenso Universo para povoarmos esse planeta especial, porém, não me parece haver magia ou singularismo providencial nesta ocorrência e sim uma simples relação de causa e efeito em que nossa existência se faz pelas próprias características de onde vivemos.

Em resumo, entendo que cada planeta, cada estrela, cada astro conhecido ou não está diretamente ligado a tudo o que o compõe, tudo o que está a sua volta. O que nós entendemos por vida por aqui seria uma característica nossa, ligada a Terra, mas que aquilo que não entendemos por vida pode ser absolutamente rico em conteúdo, porém de impossível entendimento para cada um de nós.

Temos insistido em considerar que existe vida e não vida, simplesmente, mas isso está fortemente ligado a nossa restrição de entendimento. Basicamente é só isso que existe pra nós. Desta forma, é válido o exercício de contemplar possibilidades desconhecidas para, quem sabe, alcançarmos patamares que nos permitam enxergar o que há além da vida e da não vida.

Outra hipótese não excludente e sim complementar é a de que nossos delineares possam ter "criado" o Planeta, ou seja, ele é perfeito para nós, simplesmente porque o idealizamos assim. Considerando a evolução existencial que promove as formas dos delineares que expressam nossa realidade, não me parece absurda a ideia de que a própria realidade se auto concretiza a partir de seus próprios desejos, isso tudo alimentado pelos pulsares da plenitude, estes ainda carentes de muita reflexão para o alcance de seu entendimento.

De tudo isso podemos sugerir que a Terra é um lugar ideal para a nossa vida, pois somos resultados dela e, ainda, podemos tê-la produzido. Não há o que se falar em Terra como um paraíso em relação às outras possibilidades simplesmente por uma força aleatória da natureza.

Assim, é possível entender que se vivenciarmos a discórdia, o impacto e o desequilíbrio é isso que comporemos e estaremos sujeitos o tempo todo, enquanto que se vivenciarmos harmonia e equilíbrio, teremos um estado saudável para buscarmos um melhor entendimento existencial. Em resumo, podemos desenhar a vida como quisermos, dentro de tudo que já foi dito sobre vontade cósmica e influências individuais e coletivas, e isso que nos dará o resultado do que somos, do que sentiremos e onde viveremos.

Dentro desta perspectiva, podemos interferir individualmente de forma mais significativa no micro ambiente e de forma menos significativa e mais coletiva, gradativamente, no macro ambiente. Como isso funciona?

Nossa percepção individual, baseada na autoconsciência, a qual está restrita aos nossos pensamentos locais e definida pelo delinear conceptivo que nos monta enquanto indivíduos está muito mais adstrita aos nossos pulsares capazes de influenciar e compor a realidade localmente, ou seja, é muito mais plausível influenciarmos um delinear menos abrangente do que um delinear mais abrangente, dependente de várias autoconsciências, de vários impulsos, desejos e inclinações.

Claro que essa teoria não pretende definir cada pessoa, cada objeto, cada existência de forma rotular, delimitada por delineares fixos; já comentei aqui e em meu livro anterior que os delineares são mutáveis, que se interseccionam, que são resultantes de focos de pensamentos ou percepções. Isso significa que quando tratamos por delineares menores ou maiores, na verdade, tratamos de influências sobre concepções que contemplam menos ou mais da matriz da plenitude.

Em resumo, se um indivíduo pretende se curar de uma doença, ter mais equilíbrio emocional, modificar algo em seu corpo ou mente, é muito mais plausível ele conseguir individualmente do que se ele quiser uma alteração em uma sociedade, civilização, em um planeta, em um conceito de explicação física (como os dados pela ciência) e assim por diante. Desta forma proponho aqui que para modificarmos realidades mais abrangentes, de um ponto de vista de nossa autoconsciência, é necessário um mover baseado em pulsares que contemplam delineares "maiores", no caso de uma mudança social, motivado por inúmeras autoconsciências, sejam de pessoas, animais, pensamentos coletivos, objetos inanimados ou outros conceitos desconhecidos.

O objetivo desta reflexão é nos fazer entender o quanto é importante percebermos que possivelmente nossa realidade não é tão sólida quanto imaginamos e que a busca por uma vida melhor depende de nossas ações e pensamentos. Reforço porém que as ações e pensamentos não são baseados no concretismo da realidade que nos foi imposta e sim em um mergulhar na busca pela fonte dos conteúdos, na fonte da existência, ou seja, é preciso saber se desvincular daquilo que concebemos como realidade para assim termos condições de enxergar porções maiores e desconhecidas capazes de sobrepujar aquilo que conhecemos.

Gostaria de retomar um pouco a questão dos conhecimentos humanos e focar em quatro deles. Vamos considerar que sejam base pra formação de nosso conhecimento civilizatório atual e complementares quanto a essa formação. A ideia é gerar algumas reflexões sobre a filosofia, a religião, a ciência e a espiritualidade. Claro que inicialmente alguns já questionarão o fato de discriminar religião de espiritualidade, mas a ideia aqui é considerar uma como manifestação formal cultural enquanto que a outra como um conceito geral ligado à metafísica.

Primeiramente gostaria de tentar descrever suscintamente cada uma delas de forma quase que leiga, antes que os especialistas questionem cada detalhe forjado por suas histórias. Outro ponto importante é que não pretendo tratar de cronologia, sobre quem veio primeiro, principalmente porque nossa hipótese nem prevê temporalidade como legítima na plenitude.

Digamos que a filosofia é a reflexão, as dúvidas que suscitam à humanidade, é a tentativa de explicar de forma coerente e organizada tudo aquilo que desconhecemos ou percebemos do Mundo. A religião é a fé, ou seja, uma forma de tentar encontrar o sentimento de justiça e de motivação de existência baseada em uma aspiração. Ressalto que neste caso não vou entrar no mérito político de composição de religião como forma de controle, aliás, muitas pessoas usam de várias ferramentas para isso, inclusive com a ciência. A terceira, já mencionada, a ciência é a maneira de explicar o que vivenciamos de maneira organizada e experimental, muitas vezes teórica também. Um dos métodos mais eficazes para explicar de forma convincente o positivismo de nossa concepção de realidade baseada nos sentidos conhecidos. Depois vem a espiritualidade, ou seja, uma maneira de sentir o Mundo além das possibilidades "explicáveis" pela racionalidade ou organização teórica.

Entendo que todos eles têm em comum sua importância para a construção do conhecimento humano e a imperfeiçoabilidade de suas certezas. Aliás, algumas delas nem pretendem formalmente esse título, mesmo o intentando em suas sublinhas.

Gostaria de propor uma ilustração não pejorativa para entendermos um pouco da minha interpretação de intenção de cada um dos conhecimentos suscitados.

Metaforicamente, comparando com a ação da água em nosso corpo físico conhecido, a ciência simplesmente buscaria as propriedades físico-químicas de sua composição; a religião teria o desconhecimento de que aquilo é água, e daria novo significado com efeitos não "comprovados"; a filosofia poderia entender que aquilo simplesmente seria uma interpretação momentânea da percepção humana, possibilitando várias interpretações para o fenômeno; por fim, a espiritualidade poderia usar a interpretação da própria ciência, porém usando-a como um instrumento benévolo de patamares superiores da existência.

Considerando esse despretensioso resumo, é possível entender que todos se complementam em suas falhas e acertos, ou seja, em todos os casos seria possível entender e utilizar a água de maneira equilibrada para a humanidade e em todos eles sua conceituação nos ajuda a construir o conhecimento. Afinal, conforme já propus, não pretendendo aqui afirmar que verdades existem. O importante é que não haja tentativa que promova o desequilíbrio e que não seja condizente com o que se conceba como verdade. Para falar didaticamente, é como se a verdade fosse aquela expressada quando se acredita nela, preferencialmente baseada em muito estudo e reflexão prévios, enquanto que a mentira seria a fala intencional, da falsa verdade, baseada ou não em estudo e reflexão prévios.

A intenção de tudo isso é sabermos usarmos as várias frentes humanas como simples instrumento de construção de conhecimento, nunca deixando de abrir as portas para o desconhecido. Aliás, os quatro elementos apresentados nos permite desde o racional até o desconhecido, desde o concreto até o metafísico; lembrando que todos eles dependem de uma base filosófica, de crença e da visão e ação das autoconsciências.

Pensando agora filosoficamente sobre a personificação da vida, incorreremos na situação em que nos percebemos existentes nela porém sem um manual, uma tutoria ou qualquer sinalização explicativa sobre sua motivação. Ou seja, temos que ter a consciência de que toda tentativa de entender ou explicar qualquer coisa vai decorrer sempre de um ponto de partida de nossa percepção de mundo, logo, uma parcialidade baseada em um referencial; é aí que se enquadra a base filosófica de qualquer forma de conhecimento humano.

Retomando ao conceito de dar uma noção de autoconsciência à vida, poderíamos chegar à conclusão inicial de que a vida é tão misteriosa, que nem ela mesma se explica. O que isso quer dizer?

Uma das possíveis respostas estaria ligada a própria incerteza de qualquer ideia frente às infinitas possibilidades. Podemos, por exemplo, entrar no ciclo infinito do Deus criador em que se pensarmos em uma divindade criadora do Mundo, sempre teremos a incerteza de que realmente aquele ser é o ser absoluto, pois o infinito sempre nos dará margem a haver algo mais. Isso se aplica às demais tentativas de explicação do Mundo; sempre haverá a possibilidade de haver algo além do que conhecemos ou concebemos por absoluto e perfeito.

O que nos dá luz sobre esta mencionada explicação é que essa limitação se dá concomitantemente à nossa limitação de entendimento e isso poderia ser plenamente ou relativamente sanado frente a uma possível ampliação do nosso entender. Não podemos nos esquecer que nossos sentidos conhecidos nos permite uma realidade possivelmente muito pobre e restrita de uma possível existência plena.

Outro ponto interessante sobre o ocultismo da vida é a falta de uma auto concepção conhecida, na verdade, quando falamos em uma deficiência explicativa da vida, estamos falando em uma deficiência de sua concepção vinda de nós mesmos; aliás, o conceito de vida só existe da maneira que conhecemos para nós, não havendo necessariamente uma existência real e definida desta na existência absoluta.

Portanto, volto a questão de tentarmos não nos prendermos aos rótulos de vida, morte, existência, continuidade, reencarnação, ou qualquer conceito de autoconsciência vinculada a temporalidade; acredito que seja prudente usarmos estes conceitos de forma didática para a ampliação de um entendimento desvinculado e irrestrito; pelo menos a busca por ele.

Seguindo na lógica do desconhecimento humano, considero que acharmos que sabemos tudo, que conhecemos a verdade, que a vida e morte é como concebemos, é ignorar que até pouco tempo não conhecíamos as diferentes frequências desconhecidas e imperceptíveis de luz, som e matéria.

Às vezes é difícil nos desvencilharmos do contexto social e cultural em que vivemos; acabamos presos a eles por estarmos sobrecarregados da rotina de vivência e informações. Aquilo que fazemos e pensamos diariamente acaba criando um molde para tudo o que assimilamos na vida, ou praticamente tudo; isso diminui radicalmente a possibilidade de tentarmos trabalhar com aquilo que chamam de imaginação, mas que pode ser o caminho a outros horizontes próximos mas distanciados pelo sistema que nos é imposto.

Várias das evoluções do conhecimento humano, e estendo isso ao conhecimento interligado com todas as formas de vida e de existência terráquea ou até cósmica, decorreram de visões que fugiam da sistemática padrão da sociedade contemporânea, ou seja, basicamente conseguimos ampliar uma concepção de matéria, espírito ou qualquer outro conhecimento, por meio da inovação, da curva, da resistência.

Parece-nos óbvio que a interpretação daquilo que vemos, ouvimos, etc, é concreta e verdadeira, muitas vezes não permitindo qualquer questionamento sobre sua veracidade; alguns exemplos disso são os conceitos já trabalhados de vida e morte e até mesmo da certeza de nossa própria existência ou da gravidade ou de qualquer coisa sólida que podemos tatear. Se pensarmos de forma didática localmente e temporalmente, perceberemos que romper o conceito de que essas verdades podem ser diluídas será algo muito difícil de compreender e vivenciar; mas se pararmos para considerar esta hipótese, seremos capazes de ampliar nossa forma de entender o Mundo gradativamente.

Não podemos ignorar que quanto mais somamos tanta certeza, mais montaremos uma realidade absolutamente e possivelmente parcial. Às vezes tenho insistido nessa temática das limitações de nossos sentidos, mas é uma forma de reforçar positivamente que podemos muito mais do que nos é colocado e permitido.

É interessante pensar que estou tratando de permissões, de imposições como se houvesse uma conspiração de algo ou alguém nos limitando em conhecimento, contudo, pensando na própria sociedade e civilização humanas, os indivíduos ainda bastante limitados na ampliação de seus delineares acabam sendo grandes geradores de bloqueios de ampliação intelectual, sensorial e perceptiva da humanidade. Pensar que pessoas causam o bloqueio é concluir que estamos engatinhando no entendimento existencial, pois a capacidade de libertar seria fundamental para que a própria humanidade e cada um de seus indivíduos pudessem usufruir de uma vida melhor, mais equilibrada e próxima de um entendimento "universal", baseado na plenitude absoluta do entendimento.

Em resumo, temos conhecimento básico das ocorrências rotineiras em nossas vidas, sobre dor, sobre morte e tudo aquilo que causa sofrimento; sempre lutamos contra estes aspectos, é sempre dolorosa essa luta. Parece claro que nunca conseguimos alterações lutando desta forma, apenas temos um retorno negativo. Reconhecer a vida, a forma material que vivemos, tentar entendê-la e conviver com ela, pode ser um caminho para que possamos "caminhar em sua parceria" e aos poucos vivenciar mudanças. Assim como temos melhores condições de mudar ou influenciar o pensamento de alguém com parceria, também podemos ter parceria com os fatos da vida para termos resultados mais equilibrados.

Esta afirmativa nos remonta à questão já tratada em meu livro anterior em que trato da questão do ritmo, da cadência da vida, ou seja, a parceria tem relação com a harmonização entre as partes, com o equilíbrio energético, de frequências, fazendo com que delineares se juntem e contemplem mais amplamente a fonte absoluta da existência, minimizando gradativamente suas distorções, tão dolorosas para o nosso viver diário, mensal, secular e adiante.

Os Pilares da Autoconsciência – Diluindo as Certezas

Agora, pensando em múltiplos patamares de nossa compreensão de existência e nos delineares que a forma, acho viável tratarmos e considerarmos aquilo que nos influencia e nos "compõe", mesmo que se tratando de distorções. Às vezes nos limitamos a considerar que nosso cérebro é a única fonte de reflexão, pensamento e auto consciência da existência, do Mundo. Até por esta questão, tendemos a nos considerar, seres humanos, os seres mais desenvolvidos e especiais existentes. Isso ocorre por teoricamente termos o cérebro mais desenvolvido na natureza e tendermos, por nossas limitações sensoriais e de conhecimento, a considerá-lo o elemento medidor de poder, inteligência e grandeza.

Quando tentamos entender ainda mais as várias nuances da restrita matéria conhecida por nós, surge-nos alguns elementos interessantes como a capacidade baseada no microcosmos de elementos minúsculos serem capazes de compor tudo que conhecemos e ainda interagir entre si de forma tão intuitiva, ou seria, inteligente?

Desta forma, é válido vincularmos à nossa reflexão aquilo já estudado e aventado por muitos que seria a capacidade de nossas células, as células de qualquer ser vivo ou as pequenas partículas de qualquer objeto conhecido, de conduzir ações complexas baseadas em uma força desconhecida, muito semelhante à nossa capacidade cerebral de pensar e que também define a nossa autoconsciência. Eu arriscaria dizer que existe uma "consciência" celular, assim como vários outros níveis de consciência que não conhecemos, mas que explicaria o poder criacional, seja baseado na evolução das partes, seja na capacidade criativa de design.

Dentro das parcialidades dos delineares que as explicam, como por exemplo os delineares que nos montam enquanto humanos, os delineares celulares, cósmicos ou quaisquer outros desconhecidos, teríamos um bom indício de que existe inteligência em tudo o que há e é essa inteligência que pode estar atrelada aos pulsares da existência da plenitude que desenha tudo o que "existe".

Sabemos que temos autoconsciência por sermos nós mesmos e teoricamente temos a certeza da autoconsciência nos nossos "semelhantes", os humanos, por eles usarem a mesma forma de expressão e indicarem serem nossos iguais. Mas como saberíamos que células, objetos, planetas teriam ou não esse nível de autoconhecimento e de inteligência de agir? Seria bem complicado e é esse um dos motivos da humanidade ter tanta dificuldade com empatia e de cuidar, ser respeitosa com os demais. Nossa incapacidade de percebermos que pouco conhecemos nos faz formadores de parcialidades e acabamos causando desequilíbrio constante; desta forma vivemos com tantos receios e dor.

A partir do momento que aceitamos nosso papel integrado e percebemos nossas limitações, torna-se possível considerarmos infinitas possibilidades de algo semelhante ao que chamamos de autoconsciência em tudo o que há ou em parte disso. Pode parecer estranho concebermos que uma pedra pode ser inteligente ou que uma estrela saiba de sua própria existência, mas nem sempre consideramos a hipótese de uma célula possuir algum tipo de inteligência ou de codificação e processamento que a permita "tomar iniciativas". Claro que o Homem ainda deve considerar isso como um simples impulso, algo parecido com o suposto instinto dos animais, mas isso é uma defesa natural de uma espécie que ainda tem muito o que aprender e perceber da existência. Sempre tendemos a nos colocarmos como o topo da capacidade intelectual e tudo o que descobrimos como sub existências de nosso "vangloriorismo".

Reforço aqui o conceito de que no mínimo tudo o que conhecemos tem uma capacidade de auto existir, de se transformar e isso, por mais filosófico que pareça, não deveria ser explicado como simples impulsos aleatórios baseados em uma regra cósmica que limita as ocorrências, chamada física. Cada noção, percepção que temos me parece ser um "subproduto" de algo maior que normalmente não percebemos, mas que evidentemente permite seu existir em nossos pensamentos e captarmos com nossos sentidos físicos conhecidos.

Em resumo, o que proponho nesta reflexão é que tudo o que existe deve possuir algum tipo de inteligência, de processamento motivado; tão poderoso, mais simples ou mais complexo que a nossa, e que se soubermos entendê-la melhor, teremos mais condições de "controlarmos" cada vez mais nossa existência e tudo o que está atrelado a ela.

Aliás, considerando estas possibilidades, trago à tona novamente o conceito de que não só convivemos com matéria conhecida possivelmente repleta de inteligência, como podemos estar envoltos ou até integrados com inúmeras outras formas de vida ou de autoconsciência que nem mesmo percebemos. Isso já foi amplamente explicado aqui considerando as limitações de nossas capacidades sensoriais.

Se continuarmos falando sobre "vida conhecida" aqui na Terra baseada em oxigênio, carbono e água, continuaremos atrasando nossa possibilidade de conhecermos mais e percebermos ou entendermos a vida concebida de inúmeras outras formas.

Retomando à questão da aparente necessidade de haver inteligência em tudo, podemos refletir um pouco sobre a questão já universalizada de que sempre que tentamos explicar uma existência vem a necessidade de apresentação daquilo que viria antes. Esse pensamento didático de temporalidade pode, neste caso, nos ajudar a entender que esse "antes" é sempre representado pelos pulsares que formam o que conhecemos, que compõe os delineares conceptivos da existência. Se fugirmos da temporalidade, entenderemos que esse grande emaranhado de parcialidades de uma existência plena, absoluta, matricial pode compor uma grande teia de inteligência capaz de dar significado a tudo que conhecemos e, além, tudo o que pode haver. Sempre compreendendo que a hipótese aqui apresentada demonstra um caminho por estes meandros até chegarmos em algo não mensurável ou explicável; chamado por alguns de "Deus", por outros de "Universo", outros de "Matriz" ou qualquer outro termos que remeta ao desconhecido. Mas se percebermos a existência como atemporal e amórfica, isso muda de figura.

Reforçando a questão sobre simulação de concepção da vida, proponho que quanto mais criamos uma estrutura de "realidade" mais acreditamos naquilo e mais podemos estar nos afastando da essência. Muitas vezes as pessoas, de tanto criarem estruturas absolutamente complexas (caso da ciência, religião, espiritualidade e etc), acabam acreditando tão fielmente na exclusividade daquela realidade que restringem a possibilidade de entender outras opções como parte da realidade e até mesmo agindo com prepotência em relação a legitimidade do seu próprio conhecimento criado.

Isso é fortemente percebido diariamente em nosso contexto atual e aparentemente histórico civilizatório. Parece que a limitação humana nos leva a constantemente incorporarmos nossas crenças, que aumentam como bolas de neve, como a mais legítima realidade sólida e indelével.

Essa convicção confinante faz com que ampliemos conteúdos mirabolantes, extremamente complexos simplesmente baseados em uma fonte filosófica de referência. Isso ocorre em praticamente ou todas as formas de estruturação de pensamento humanas, desde a ciência até a religião ou o abstencionismo. Às vezes consideramos que parar, tentar não pensar em nada e simplesmente sentir algo mais profundo não passa de "perda de tempo" para teóricas conquistas intelectuais, de conhecimento verdadeiras e isso é um grande risco. Como assim?

Pensando de forma prática e didática, usando um exemplo que permita nossa compreensão simplificada, é como se ouvíssemos pessoas tarimbadas conversando sobre um tema de nosso interesse e simplesmente, por uma falha auditiva ou de interpretação do som, acabássemos compreendendo algumas palavras de forma distorcida. Esta experiência é muito parecida com o conceito do "telefone sem fio" que permite que uma pessoa cantando se torne um planeta destruído por um asteroide. Onde podemos chegar com isso?

Na verdade, quando pensamos em uma "fonte distorcida" que evolui ao longo de "muito tempo" e por fontes de distribuição da informação diversas, como pessoas e sociedades, podemos ter certeza que muitas teorias se desenvolveram embasadas em uma fonte "ilegítima", se é que podemos legitimar alguma coisa desta realidade limitada. Contudo, considerando que a sociedade se desenvolve em função destas realidades, podemos considerar destrutivas e causadoras de desequilíbrio estas ampliações de uma mentirinha ou equívoco de interpretação inicial.

Se pensarmos nesta influência sobre assuntos cotidianos teoricamente sem muita importância, naturalmente não daremos grande ênfase nestas distorções, mas quando pensamos em grandes estruturas civilizatórias como todo o conceito científico ou religioso, a questão já fica mais séria; pois enquanto pensarmos que uma ou outra trata-se de verdade consolidada, pouco teremos a sentir e ampliar nosso possibilidade de percepção daquilo que não conhecemos, certamente muito mais amplo que qualquer conhecimento dito como "complexo" nos pensamentos humanos.

Não estou menosprezando qualquer tipo de conhecimento humano, pois considero que todos eles são bastante válidos e expressam o que somos hoje, aliás já falei sobre isso nesta obra, porém, acho que deve ficar claro que devemos entender que a realidade que conhecemos não deve compreender a teórica realidade absoluta e que se queremos buscar um estado pleno de satisfação e equilíbrio, didaticamente falando, não podemos nos restringir as "histórias" criadas por nossas mentes férteis. Aliás, tudo o que escrevo aqui é uma tentativa certamente frustrada de expressar algo incompreensível para nossas capacidades atuais; mas, assim como toda tentativa bem-intencionada, busco com minhas restritas ferramentas mostrar mais um caminho; caberá a cada um, a cada autoconsciência, seja individual seja coletiva, desenvolver ou ampliar os delineares conceptivos que contemplarão a existência plena do tudo e do nada; absolutamente equilibrada.

Agora, partindo para uma reflexão teoricamente mais abstrata, muitas vezes questionamos que se há espíritos, pessoas que se desmaterializam após a morte, por que não fazem contato conosco? Essa reflexão pode nos levar a algumas hipóteses, descartando inicialmente a simples possibilidade de não haver qualquer tipo de continuidade. Uma é que patamares diferentes são incomunicáveis, a outra, dentro de nossa hipótese delineativa, é que a grandeza evolutiva de delineares que contemplam mais da plenitude simplesmente não percebem a nossa realidade como algo relevante. É como se a compreensão estivesse em outro padrão de parcialidade, desfazendo quase que completamente o sentido daquilo já superado.

Pensando na primeira hipótese, ressaltando que as duas não necessariamente são excludentes entre si, não é difícil aceitar que cada "nível" de delinear possuí graus de captação da matriz plena diferentes, ou seja, mesmo que nossa realidade ou dimensão "converse" com outros patamares, como os espirituais, por exemplo, essa ligação se dá em conexões de ponte transicional, assim conseguiríamos perceber alguma influência dos patamares espirituais, sem entender muito bem o que eles significam; talvez por isso temos a ideia por parte da humanidade de que espíritos existem, mesmo não havendo a suposta prova científica de sua existência. Temos muitas percepções de possibilidades, mas as limitações impostas pelo sistema, rotina e sentidos conhecidos, nos inibe a buscarmos nos desenvolver em capacidades que permitam compreender melhor os outros níveis dimensionais ou patamares delineativos.

A outra possibilidade de não haver comunicação entre espíritos ou transmutações de parte da antiga existência humana, animal ou de qualquer outra forma de existência, talvez complementarmente à hipótese anterior, é de que realmente não haja nenhuma motivação em tentar contato com algo obsoleto. Pensando em tempos atuais, seria como se você tivesse algum interesse em datilografar em uma máquina de escrever antiga ou tentar escrever lapidando pedras, tendo tantas possibilidades mais ágeis, práticas e completas com a tecnologia moderna. Isso porque estamos comparando obsolescências muito próximas temporalmente ou por afinidade, todas de patamares únicos e de mesma dimensão; agora imagine você ter um abismo cósmico de distanciamento entre uma vida material humana conhecida e uma existência espiritual que poderia perceber amplamente e bilhonesimamente ao infinito as coisas existentes e que a vida humana não passasse de uma poeira ínfima? Você dá alguma atenção a um grão de areia? Talvez esta resposta possa nos ajudar a entender hipoteticamente porque se houver espírito ou qualquer outra forma "superior" de existência ou entendimento, não há qualquer forma de comunicação mais relevante entre as partes. Caberia a nós buscarmos este entendimento e algum tipo de conexão com delineares que contemplam mais de tudo o que há.

Aliás, dentro desta lógica, quando pensamos em diferentes níveis de delineares dentro de parcialidades de algo absoluto, temos a oportunidade de remetermos às "entidades absolutas" com suas diversas nomenclaturas (Deus, Zeus, a Plenitude ou qualquer outro termo) como uma fonte, na verdade, como uma existência imutável, atemporal e que não possuí nenhuma ação, ou seja, nenhuma tragédia provém desta existência, ela já é plena, absolutamente composta. Não haveria como concebermos ação, intenção, ataques ou defesas, qualquer tipo de movimentação ou imagem de algo que contempla a totalidade "infinita" de tudo o que há. Onde pretendo chegar com tudo isso?

Conforme já comentado por aqui e necessário reforçar neste momento oportuno, é válido concebermos que todas as ações conhecidas e percebidas por nós, são nossas, ou seja, quando pedimos e clamamos por uma ação divina, estamos apenas tentando ampliar horizontes dentro de nós mesmos para contemplar um pouco mais desta existência absoluta e assim chegarmos nas respostas que podem nos trazer paz, equilíbrio, saúde e felicidade. Na verdade, podemos entender que cada passo que damos significa uma diminuição das parcialidades de algo imensurável. Como eu já comentei, esta busca me parece didaticamente infinita para nosso entendimento, mas é o caminho que me parece saudável para uma existência individual e coletiva, estável e sem sofrimento.

Não pretendo aqui desmontar a crença na possibilidade de pedir ação divina, mas pretendo mostrar uma ampliação nesta percepção para que Deus, por exemplo, possa significar algo muito mais abrangente e absoluto que aquele descrito nas várias religiões, pretendo aqui alertar que a existência "física" pode ser muito maior e variável que aquela prescrita pela ciência do Homem; quero apenas incitar às nossas mentes a buscar cada vez mais toda a forma de sentir, conhecer, saborear e ampliar horizontes. Tudo isso para não pararmos e aceitarmos o sistema como nos é colocado como estático e verdadeiro. Para que possamos entender que a verdade só existe porque queremos que ela exista e que é possível desmenti-la a todo momento. Para que isso?

É importante que possamos nos desviar de tantos problemas que nos aflige e que não passam de ilusões de nossa limitada percepção e então entender que o valor de tudo o que há pode não estar naquilo que estabelecemos socialmente e sim na própria integração de sua autoconsciência, de tua existência a tudo que existe ou ao nada absoluto; seja ele como for, plenamente "prazeroso", didaticamente falando, e perfeito.

Compreendendo isso, fica mais fácil estabelecermos o que realmente importa, o que pode ser legítimo para percepção de quem somos e como podemos ser melhores e nos sentirmos melhores, para assim discernirmos sobre a verdade social estabelecida, imposta e que normalmente não nos leva às escolhas mais desequilibradas para nossas vidas. Temos que ter em mente que este sistema social ou até civilizatório é baseado e construído por seus líderes.

As pessoas que hoje estão no poder nas várias instâncias da estruturação social humana chegaram lá aderidas à delineares bastante parciais, restritos de grande desequilíbrio. Se vivenciarmos uma vida restrita a essa estrutura, sempre seremos governados e guiados por uma doutrina destrutiva, negativa e pouco contempladora da fonte plena e equilibrada da existência. Portanto, sugiro buscar outros "reinos", aqueles que ampliam os delineares, resultando em estado positivo e de bem estar.

Por que isso acontece?

Quando pensamos no controle das coisas que conhecemos materialmente e, principalmente, socialmente em nosso meio, logo nos referimos aos instrumentos de definição de riquezas materiais, daquilo que define poder nesta estrutura. Ou seja, hoje temos como símbolo da dominação o dinheiro, as jóias e tudo o que foi definido como símbolo de capacidade de acúmulo de posse e controle sobre o sistema.

Outrossim, os grupos que detém este instrumento, pelo próprio exercício do poder, acabam criando as regras e construindo a sistemática desta forma de concepção de sociedade; isso faz com que todas as regras de convívio deste sistema sejam baseadas neste conceito destrutivo, controlador e opressor de construção.

Se pensarmos em todo este contexto, saberemos que as autoconsciências que regem e definem aquilo que a maioria de nós concebe como verdade estarão repletas de conteúdos de desequilíbrio e que a tendência será não haver nenhuma melhoria de vida, em essência e profundamente, na vida das pessoas, dos animais e de toda forma de existência.

Para que tudo isso?

Para entendermos que é fundamental buscar a quebra de paradigmas deste sistema para que cada um possa construir uma nova realidade que possa se equilibrar, harmonizar com delineares mais amplos, propiciando prazer, paz, amor e equilíbrio coletivos em busca da unificação de tudo que há de "bom" no perfeito estado absoluto da existência pura, plena. Assim, busco sugerir que não encaremos aquilo que vemos nas grandes mídias e nos meios de divulgação de quem controla o sistema como verdade, pois assim estaremos fadados ao desequilíbrio e a incapacidade de conhecer mais de tudo o que há. Eu quero entender, e você?

Neste caso, para que permaneça ou aflore a possibilidade de agregação de conhecimento amplo, é importantíssimo que entendamos que o sistema, da maneira que é estruturado hoje, faz com que as pessoas sofram. O sistema é manipulado e conduzido para impedir as vontades individuais e coletivas, mesmo que positivas, das pessoas, animais, sociedades e entorno. São as verdades impostas e consolidadas, os dogmas.

Por mais inusitado que pareça, mesmo que muitas vezes sem a intenção de ser tão grandiosos, os dogmas são construídos de intenções de desequilíbrio, muitas vezes baseados na maior aproximação do homem em relação à matéria. Vale lembrar que podemos considerar que a matéria conhecida, aquilo que nos parece palpável, está mais delimitada por delineares conceptivos limitados, enquanto que o abstrato pode ter maior potencial de conexão com delineares mais amplos. É como se quanto mais consolidássemos alguma coisa, menor seria a sua capacidade de maleabilidade, ou seja, de ampliação para outros conhecimentos. Infelizmente esta busca material, hoje concretizada pelos prazeres da carne (por meio de exploração), da gula e, principalmente, da adoração ao dinheiro, ao lucro, tem crescido fortemente, desequilibrando o bem-estar e limitando o acesso a fonte de conhecimento. Em resumo, proponho aqui que quanto mais concreta a nossa referência, menor potencial de "verdade" ela pode ter.

Complementando a questão das verdades criadas, já tratamos aqui que tudo o que concebemos pode ser apenas delineares formados por pulsares da existência plena e, pensando naquilo que está mais próximo de nós, daquilo que entendemos como estrutura civilizatória ou até social que monta a nossa verdade; vale a reflexão de que não existe verdade divina. A sociedade estruturou suas regras e os vencedores definiram quais ações são legitimas e quais não são. Não há um critério de justiça ou equilíbrio, a aplicação não busca eticamente relações que beneficiam a todos, mas aquelas que, superficialmente beneficiam o indivíduo. Isso gera constante descontentamento de todos, até dos supostos vencedores.

Já tratei deste assunto em meu primeiro livro e também aqui nesta reflexão, mas sempre é importante retomar o tema trazendo nova luz para que haja um reforço positivo que nos permita uma reflexão transformadora. Quando falo em prejuízo aos vencedores, pode parecer estranha e divergente a relação de conquista e perda, mas já vivenciamos constantemente tanto a dor, o arrependimento e os retornos provenientes da humilhação de outro ser, quanto as próprias perdas coletivas de tudo o que nos circunda.

Usando exemplos bem rotineiros, não adianta você enriquecer demasiadamente se com isso vai gerar maior pobreza e, consequentemente, criminalidade. O que é melhor? Uma sociedade justa equilibrada e pacífica, em que todos têm os mesmos direitos ou uma sociedade em que alguns sofrem de fome e outros temem constantemente serem "roubados" ou "mortos"? Por mais óbvio que pareça, a aplicabilidade deste conceito da rotina social é difícil e as mudanças acabam ocorrendo nas iniciativas individuais. Cada pequena ação pode gerar mudanças gradativas que impactarão em uma sociedade, civilização, um Mundo e assim por diante. Não podemos nos esquecer que vivemos em uma realidade de frequências diversas (luz, som, matéria, energia...) e que temos o papel de disseminar aquelas que consideramos positivas, que promovam o amor, a paz e o equilíbrio.

Aliás, neste mesmo contexto, é importante destacarmos que não há posses existenciais da matéria, das coisas nesse mundo social, quando pensamos na grandeza da existência o que existe são acordos tão frágeis quanto castelos de areia. Melhor "possuir" e dominar seus pensamentos, quem você é do que aquilo que não perdura nos traços mais marcantes da existência pura. Aliás, compreender a estruturação das coisas, compreender a si mesmo, às sociedades, civilizações e gradativamente perceber as dimensões desconhecidas pode nos levar a controlar melhor as nossas vidas.

Apesar da falsa aparência do poder estabelecido pelas relações materiais de nossa sociedade hodierna, pouco percebemos o real equilíbrio, prazer e paz nas pessoas de um modo geral; conforme já comentei aqui, não há como estarmos realmente bem, quando nosso entorno está desgraçado. Muitas vezes esse desequilíbrio não é percebido em um primeiro momento, mas acaba sendo o causador de muitas ocorrências negativas que permeiam nosso dia a dia. Façam a experiência da oração, meditação, reflexão e qualquer outro meio que nos permita o desligamento desta estrutura e, aos poucos, verão grandes transformações em suas vidas. É uma simples experiência de entender mais. Vejam que não é absurdo compreender que quanto mais vivenciamos a rotina, quanto mais vivenciamos o que já está ofertado nesta estrutura social, menos evoluiremos enquanto autoconsciência.

Nesta vertente, vejo como fundamental pararmos para nos desconectarmos da materialidade e buscar respostas na meditação, reflexão e oração, ou seja, em meios mais desapegados da estrutura do materialismo simbolizado pelo lucro, pelo ganho baseado na perda do menos favorecido. Aconselho até mesmo buscarmos momentos de "vazio" total para se desprender ao máximo daquilo que nos prende. Buscar a libertação dos limites dos delineares.

Se pensarmos nas várias condutas que nos permitem uma conexão com patamares intermediários de nosso conhecimento, como as práticas mencionadas, teremos boa chance de tatearmos percepções desconhecidas, infelizmente inatingíveis em sua grandiosidade pelos nossos sentidos conhecidos, ou seja, quando nos propomos a sair da rotina sistêmica e praticamente endêmica que vem se estabelecendo por motivos já elencados, atingimos e desenvolvemos, por meio de meditação, oração, estudo e reflexão - sempre pautados na maior imparcialidade e desprendimento possíveis, quase que utopicamente falando, a capacidade de ampliação e transição parcial dos delineares que estão à nossa volta, que nos compõe. Contudo, sabemos que dentro da hipótese aqui apresentada, isso ainda é parcialidade de uma matriz plena, absoluta e atemporal. Onde podemos chegar com isso?

O exercício das práticas sugeridas é rico e permite experiências realmente agregadoras, porém, para se ter uma noção com o mínimo de alcance às possibilidades infinitas, considero muito importante a prática de atividades ainda mais imparciais, ou seja, aquelas que pretendem se basear no nada, no vazio. Tentar se desligar de tudo por um momento, resultante de prévias como jejuns alimentares, abstinências físicas, de entretenimento e, enfim, mergulhar na tentativa do "não ser", do "não pensar", apesar de parecer imaginativo, pode abrir portais ainda mais distantes na compreensão da existência plena, aquela muitas vezes discriminada nas divindades. Este exercício, dependendo da capacidade já desenvolvida por cada indivíduo, pode também ser executado sem preparação prévia, simplesmente em momentos rápidos ou de grande duração. Tudo depende do caminho construído e da intenção, no objetivo a ser alcançado.

Apesar de parecer um papo muito deslocado da realidade, toda prática que se distancia das rotinas e que não resulta em desequilíbrio individual, coletivo e do entorno deve ser levada em consideração quando acreditamos em algo a mais e necessitamos de mudanças ampliativas em nossa autoconsciência.

Em outras palavras, a tentativa do vazio é o que mais pode nos permitir conhecer a essência de tudo e esse exercício pode ser muito gratificante.

Pensemos, por exemplo, no conceito de resolução de problemas de nosso cotidiano. Se criarmos um paralelo com a busca pelo vazio, logo nos depararemos com um conflito de objetivos. Tendemos diariamente a buscar soluções formatadas para tudo, acreditando em fórmulas absolutas e impessoais que terão a capacidade de sanar nòssos problemas. Temos dois pontos a refletir sobre isso.

Um deles é que estou aqui propondo uma concepção de realidade única, plena e atemporal; desta forma, não há o que se falar em eliminação absoluta de algo, neste caso, a eliminação de um problema que estejamos vivenciando. Tudo o que há propõe-se que sejam delineares de pulsares da realidade plena, ou seja, delimitações da concepção de uma ou várias autoconsciências de uma "realidade estática". Desta forma, considerando que os teóricos problemas são indissolúveis pela sua própria natureza de existência (talvez pelo próprio não existir), sugiro uma revisão da maneira de enxergar a realidade para que aquilo que pudesse parecer uma dificuldade, ser redesenhada em nossa concepção para algo de diferente valor. Em resumo, não sugiro que eliminemos os problemas, mas que o entendamos de maneira distinta.

Ainda nesta vertente e resumidamente, acredito que muito mais que a dependência de resoluções socialmente consolidadas de superação de problemas e dificuldades, trata-se de uma construção constante de realidades que definem, dentro de nós, seu peso para a vida de cada um. Precisamos de menos rótulos e mais percepção orgânica e homogênea, assim superaremos o risco de perder detalhes entre uma margem e outra.

Assim, parece-me que as resoluções, os entendimentos vêm do interior para o exterior, logo, vou tentar construir a realidade desta maneira, seja individual seja coletivamente. Em exemplo, mesmo que duas pessoas tentem resolver algo compartilhadamente a partir de pontos de vista diferentes, a convergência resultará em equilíbrio. Enquanto que delimitando em rótulos, não haveria possibilidade de entendimento harmonioso.

O outro ponto é a relação com o vazio, ou seja, quanto mais nos prendermos aos rótulos como definidor de verdades absolutas, quanto mais acreditarmos que para tudo há uma resposta racional e formatada, mais distante poderemos estar da fonte absoluta de tudo o que há, sendo esta confundida entre o cheio e o vazio; tratando-se virtualmente do mesmo conceito "lógico".

Lembro, contudo, que a lógica é uma fraqueza humana, pois sua existência está intrinsecamente ligada às restrições de nossos sentidos e percepções. Todo cuidado em relação a se limitar a ela deve ser tomado, porém nunca deixando de considerá-la para fazer o vínculo entre o que somos e podemos e o que podemos ser.

Agora quero propor seguirmos um caminho de relações de autoconsciências, quero que possamos ligar a teoria dos delineares e da composição de tudo o que há baseada em uma fonte absoluta, nas relações humanas, espirituais, energéticas, entre homens, animais e objetos naquilo que entendemos pela existência.

Um dos pontos bastante relevantes nestas relações e que nos permite o equilíbrio necessário para uma vida de entendimento é aquele que compreende e vivencia a conexão do perdão. O perdão tem um valor magnífico nas relações de vida, pois contempla uma via de mão múltipla e resulta em harmonização não só individual quanto coletiva e até multidimensional, considerando tanto os vários delineares de entendimento quando a compreensão didática temporal de existência.

Na conexão do perdão, só há arrependimento quando os dois ou mais indivíduos se perdoam, isso ocorre por conexão única, não distinta. O arrependimento pode ter relação com o carma, aquele baseado nas ações e que perduram de um delinear ao outro – com transposições de autoconsciências.

Nesta consciência limitada, pensamos no perdão e no arrependimento como pontos de recuperação do equilíbrio, ponto em que nos permitimos a renovação de nosso pensar. Assim, nestes momentos, torna-se plausível sairmos do sistema vicioso que nos cegava frente ao entendimento para termos a chance de, frente ao virtual vazio de renovação ocasionado pelo perdão, percebermos novas nuances da existência. Em nosso patamar existencial, perdoar e se arrepender são como remédio de cura física, espiritual, energética e quiçá outras que nem mesmo podemos compreender ou conceber.

Podemos perdoar os outros e nós mesmos; um exercício engrandecedor é se perdoar e se arrepender dentro do seu próprio "eu", não nos esqueçamos que existem inúmeras conexões entre o que achamos definir nossa autoconsciência com as autoconsciências do entorno, havendo possibilidades infinitas de composições de "eus" nos infinitos delineares que compõe tudo o que há. Em outras palavras, perdoar a si mesmo e se arrepender significa perdoar o Mundo e fazê-lo se arrepender das parcialidades e assim ampliar a conexão com o estado maravilhoso da plenitude existencial. No fundo, é o que realmente precisamos, pois o amor, a paz e todos os elementos que consideramos tão positivos parecem estar no meio do caminho desta busca.

Quando tratamos de uma teoria tão distante de nossa realidade, muitas vezes sendo significada como absolutamente hipotética, fica complicado ser legítimo e didático ao mesmo tempo; muitas vezes temos dificuldades em dizer que algo atemporal pode ser explicado pelo tempo, que existe uma base de dados plena e imensurável mas que gera matéria e pensamento, entre tantos outros paradoxos. Contudo, não podemos nos esquecer que estamos em outros patamares e que nossa condição é limitada, necessitando destes "rótulos" para nortear nossa compreensão.

Partindo deste reforço e retomando a questão do perdão, acho válido diferenciarmos seu conceito dentro da plenitude "divina" e das leis mentais, ou seja, aquelas baseadas em nossa percepção da realidade. Enquanto que tratamos aqui de perdão, arrependimento e, consequentemente, ofensor e ofendido, na existência absoluta nada disso se concretiza e é um exercício interessante entendermos que em essência nenhum de nós é do bem ou do mal, ofensor ou ofendido, mas somos autoconsciências que percebem certas parcialidades, as quais podem gerar mais ou menos equilíbrio de viver; seja para nós mesmos seja para todo o entorno.

Por isso que não podemos perder o foco na busca infinita por algo muito maior, sem perder o vínculo com nossas raízes limitadas do entendimento de Mundo.

Ainda sobre a concretude de nossas ações diárias, gostaria de refletir um pouco sobre nossas expectativas. Parece-nos que a própria motivação de nossa existência é baseada naquilo que esperamos que aconteça em nossas vidas. Quando pensamos didaticamente em passado, presente e futuro, tendemos a depositar grande parte da plenitude de nossa felicidade naquilo que está por vir e simplesmente fazemos do que acontece no presente como uma vivencia positiva mas sem capacidade transformativa. Concebemos o passado como um repositório de conquistas que não nos remonta mais o sentimento de busca motivacional.

Tudo isso pode não parecer ter tanto sentido, pois parece óbvio que o passado guarda momentos que se foram, o presente é o que sentimos e o futuro aquilo que nos motiva a melhorar; essa concepção não me parece ruim, mas vivenciá-la como uma verdade cristalizada pode ser extremamente restritiva e pouco engrandecedora.

Neste contexto, eu sugiro que não fiquemos esperando bons momentos; quanto mais colocamos metas futuras de felicidade, mais nos aproximamos e esperamos a morte. Apesar de parecer repetitivo, sugiro o óbvio "seja feliz hoje, em qualquer ocasião, seja pelos menores motivos".

Já apontei aqui que sugiro que não há temporalidade na existência pura, desta forma, podemos em um meio termo considerar que o passado, presente e futuro estão intrinsicamente interligados, na verdade, como já expus, seriam partes de uma cena estática, já consolidada. Assim, pensarmos em uma busca isolada por futuros brilhantes ou em ações isoladas, sem a participação positiva de todos os tempos, todas as formas de vida e tudo o que há, seria uma maneira de não ampliarmos nosso entendimento e, consequentemente, não encontrarmos maior alívio em nossos dias.

Quando vivenciamos e compreendemos o "hoje", podemos considerar que abrimos uma porta para vivenciarmos o todo e percebermos o passado e o futuro naquele mesmo momento, afinal, já sugeri aqui que a cronologia que conhecemos, em que o passado acontece antes do futuro, me parece uma restrição de nossa capacidade de compreensão e que saber vivenciar todos os tempos em um instante pode significar um passo na ampliação dos delineares que compõe nossa autoconsciência.

Em resumo; podemos usar essa nossa condição de suposta consciência para vasculhar toda a existência possível. Alguns exercícios já propostos aqui em que conseguimos "em pensamento" visitar outros patamares da existência, outras dimensões e, consequentemente, "outros tempos", são ótimos exemplos dessa possibilidade. Tão simples, nada complexa e riquíssima em compreensão do próprio ser. Portanto, o que existe não seria o "hoje" e sim a simples e virtual noção de autoconsciência que podemos considerar uma ferramenta de acesso à plenitude, em busca da diminuição gradual das parcialidades.

Nós, humanos, tendemos a defender nossas convicções porque acreditamos nelas como verdades absolutas; pouco paramos para pensar nelas, nas motivações do que fazemos, nos resultados ocorridos em nosso entorno, no reflexo gerado nas inúmeras autoconsciências, ou seja, apenas seguimos assimilando o que nos é proposto, encaixando isso em nossas estruturas linguísticas e mentais e tornando este conteúdo aquilo que nos compõe. Poucas vezes usamos de empatia para entender o outro lado e simplesmente pensamos em impor aquilo que acreditamos pela falsa crença da boa intenção.

Não quero aqui motivar as pessoas a desacreditarem no espírito da bondade, do amor; realmente acredito que ações que ampliam o conhecimento à plenitude nos leva a equilíbrio, harmonia e paz; contudo, cada vez mais aprendo que os delineares são motivados por pulsares diversos e que aquilo que pensamos ser uma energia ruim ou boa, o que pensamos ser uma pessoa ruim ou boa ou um Mundo bom ou do bem, pode ser apenas uma escolha de nossa própria percepção da existência.

Vou dar um exemplo: Às vezes vemos uma pessoa fazendo algo que não concordamos e isso nos entristece, nos faz muito mal e já julgamos aquela pessoa como alguém ruim. Muitas vezes nos pegamos em "outro momento" da vida seja futuro ou passado fazendo algo de similar significado. Ainda, tendemos a nos revoltar e ter ações abruptas seja com as pessoas seja conosco mesmo. O que refletir sobre isso?

Na verdade, sugiro que estas parcialidades que nos incomodam são apenas visões distorcidas de uma realidade plena e que as pessoas ou grupos nada mais são que autoconsciências refletindo estas parcialidades. Desta forma, acredito que uma maneira adequada de entender isso e não fazer parte, não ser influenciado por esse negativismo, seja a própria busca individual ou coletiva de ampliar o conhecimento da existência e se afastar cada vez mais daquilo que entendemos ser ruim.

Esse movimento pode, e acredito que deva, ser natural e o próprio resultado da busca pelo que há de harmonioso fará com que nosso entorno, nossa percepção de mundo seja outra; mais ampliada e positiva. Isso fará com que nosso Mundo seja "melhor" e aquelas parcialidades não serão mais verdades em nossas vidas.

Eu diria que não devemos repudiar, combater ou nos entristecer com as maldades para solucionar os problemas, na verdade, estas reações são de nossa natureza limitada humana, e sim, simplesmente eliminar este contorno parcial que traçamos da plenitude, fazendo com que tudo isso simplesmente deixe de existir. Na teoria aqui apresentada, de fato nada disso existe legitimamente, mas o exercício palpável é tomarmos conta, termos consciência disso.

Em resumo, sugiro que as coisas ruins do Mundo só existem para nós porque acreditamos nelas e é essa compreensão que nos libertará.

Pensando de maneira didática, seja a luz, a harmonia, seja o exemplo e o resto se equilibrará com você. Por que isso pode acontecer? Simplesmente porque a sua realidade (inclusive de todo o entorno) é aquela que você conhece.

Estas ações mais práticas que tenho proposto e trazido para reflexão, como já foi dito, pode nos ajudar a caminhar com um objetivo mais desprendido; isso é importante pois se pensarmos na "grandiosidade" da suposta realidade plena, absoluta, muitas vezes chamada de Deus (considerando algo incompreensível e inatingível às nossas capacidades atuais), não teríamos referências familiares, que fazem parte de nossa gama de conhecimento, para entender e vivenciar seus atributos.

Considero, e isso já foi tema de várias reflexões humanas, seja no âmbito da filosofia ou religião, que seria no mínimo insensatez tentar entender Deus, tentar explicá-lo em um único livro ou em uma única metodologia humana, seja por meio da religião ou da ciência. Lembrando que o conceito de "Deus" aqui não é aquele restrito ou parcial, falo daquilo que não conseguimos explicar e que é uma fonte de tudo o que há, totalmente alinhado com minha proposta nesta obra. Simplesmente é o conceito do tudo e do nada absolutos, da realidade atemporal e intangível, amórfica e que precisaríamos de muitos passos universais para começar a ter alguma ideia.

Os Deuses das religiões são imagem e semelhança do Homem e sua história, ou seja, são reflexos daquilo que a humanidade conhece e isso me parece incipiente. Os conceitos da ciência também estão restritos ao nosso parcial entendimento e assim por diante. Em resumo e complementarmente, não quero refutar nenhum destes conhecimentos, doutrinas ou maneiras de pensar, eu nem teria condições de fazer isso, apenas quero que o caminho individual e coletivo seja pautado por uma busca equilibrada, justa, imparcial e que permita a cada um o crescimento e ampliação dos delineares e certamente as religiões, ciência, filosofia e qualquer outro conceito social ou civilizatório agregam grande potencial nisso tudo. Sugiro agregarmos conhecimentos e não segregá-los.

Neste ponto, quando tratamos dos diversos conhecimentos humanos e, neste caso, quero me ater agora àqueles ditos metafísicos, acho muito mais contemplativo percebermos as diversas fontes de informação como algo que pode nos dar uma base de entendimento. Acho que algumas religiões, por exemplo, costumam tratar de suas histórias e regras de maneira muito restritivas e detalhada, enquanto que a construção do entendimento amplo e o equilíbrio emocional poderiam ser mais facilmente atingidos por meio da essência, dos princípios.

Nesta linha, acredito que a religião poderia ser fundada em princípios e não em regras pontuais e temporais e, mesmo que de um modo geral não seja neles fundada, podemos fazer a nossa percepção de seu conteúdo baseada na essência, na intenção primordial de seus fundamentos. Não podemos nos esquecer que toda formação de nosso caráter, de quem somos, o molde de nossa autoconsciência vem daquilo que interpretamos de nossas relações, seja com pessoas, animais, sociedades e toda forma do existir. Assim, perceber todo o conteúdo vivido, neste contexto incluindo aqueles conhecimentos humanos ditos mais racionais, torna-se um exercício e uma faculdade de nosso próprio entendimento. Didaticamente falando e considerando nossas limitações, a realidade é simplesmente composta por nossa imaginação, uma percepção de nossos sentidos conhecidos e isso, conforme já foi dito, é um ponto de partida para libertação desta realidade restrita.

Não nos esqueçamos que para tudo o que acreditamos como verdade sempre há uma crença como ponto de partida, isso se aplica até ao conhecimento positivista da ciência, em que alguns pressupostos filosóficos são necessários para o seu funcionamento, como é o caso da crença no observador. Não existe ciência sem o referencial do observador e isso já exige acreditar. É nesse sentido que é válido termos várias "opções" de fonte de conhecimento, tendo como base, sempre, aquilo que está em essência dentro de cada indivíduo. A existência está ao nosso entorno, basta nos equilibrarmos para conhecê-la cada vez melhor.

Ainda, assim como os conhecimentos humanos mais racionais são instrumentos importantes para o nosso desenvolvimento humano, procurar religiões, ir às igrejas, templos, abadias ou outros não significa acreditar literalmente nas histórias fantásticas ou seguir regras e leis anciãs e descontextualizadas com nossa vivência hodierna, significa buscar espiritualidade e dar uma chance ao desconhecido.

Se pensarmos nas possibilidades propostas aqui, em que essa consciência que temos hoje está limitada, seja didaticamente falando ao tempo seja aos delineares que nos compõe, se utilizarmos as crenças humanas para justificar a busca por um hipotético paraíso, temos um sério risco de encontrarmos, seja conscientes ou não, tantas incertezas que a simples possibilidade de haver muito "trabalho" em outras instâncias, em possíveis outras "existências" poderia resultar em consequentes desconforto e frustração constantes.

O conceito de que devemos construir completamente o que somos, em perfeição, aqui nesta autoconsciência está perfeitamente alinhado com a hipótese da atemporalidade da realidade absoluta, em que toda a realidade do Mundo está aqui o tempo todo e plenamente disponível. Pensando no lugar comum "faça do seu paraíso, do seu mundo ideal, este tempo, este corpo, esta alma e toda a relação com o ambiente e vida", você já é o próprio "paraíso", basta entender isso.

Quando falo na existência de "trabalho" nas várias dimensões de nossa existência, me remeto a constante ampliação dos delineares conceptivos que fazem com que concebamos tudo aquilo que conhecemos, que compõe nossa própria realidade. Se pensarmos em uma evolução de nossa autoconsciência que pode transcender a suposta morte física de nosso corpo, isso nos levará a outros patamares ainda restritivos, cheios de descobertas e ampliações a serem buscadas e assim sucessivamente. Esta busca não teria fim, pois trata-se se uma realidade atemporal em que nossa compreensão não nos deixa confortáveis, não nos deixa o devido entendimento.

Portanto, pensando na busca incessante pela compreensão plena de uma existência absoluta e equilibrada, só haverá frustração se esperarmos um mundo melhor no futuro. Ao fazermos de cada instante o nosso presente paraíso, encontramos mais saúde, paz, harmonia, bons relacionamentos com pessoas, animais, com o ambiente e, principalmente, conosco mesmo. Eu diria que tudo o que percebermos que não está saudável, que não se equilibra com o que consideramos ser a nossa essência, nosso senso de justiça e bondade, deveria ser foco de mudança em nossa vida, preferencialmente "agora".

Essa lógica é importante para darmos oportunidade a nós mesmos de nos desfazermos enquanto indivíduos limitados e entendermos que somos uma unidade com a realidade absoluta, plenamente equilibrada; estas limitações fazem com que nos preocupemos tanto com o destino de nosso corpo após a morte, por exemplo, sendo que renovamos nossas células constantemente. O corpo que teoricamente morre é apenas um deles, dos vários que já foram renovados materialmente. De certa forma isso também ocorre com quem acreditamos que somos, assim tudo o que concebemos como matéria, corpo, e o que concebemos como alma ou espírito são efêmeros no sentido de não representarem realmente a hipotética verdade, pelo menos dentro da proposta aqui construída. Lembro sempre que a busca, as escolhas são de cada um, seja na consciência individual ou coletiva e proponho que o mais importante seja buscar dentro destes universos o conhecimento necessário para o entendimento da existência.

Dentro desta vertente de entendimento da realidade a partir de nós mesmos e pensando de uma maneira mais aplicável em nosso dia a dia, sugiro que tenhamos o cuidado de focar em quem somos para, enfim, potencializarmos nossas capacidades de percepção de nossas limitações e consequentemente de ampliação.

Quando cuidamos de nós mesmos, na verdade, estamos cuidando de todo o mundo que está dentro de nós e assim gerando grandes melhorias em todas as relações das nossas vidas, inclusive na influência e recepção do outro.

Estes resultados de melhoria em nossas vidas e relação com as pessoas e com o entorno às vezes podem parecer difíceis de serem percebidos, muitas vezes o imediatismo ao qual estamos presos por força do sistematismo social e civilizatório nos impede de entender a potência das mudanças gradativas. Se pegarmos as transformações físicas, químicas, de personalidade e muitas outras em nossa rotina pessoal ou de nossa percepção física e mental de

Mundo, perceberemos que praticamente tudo que conhecemos ocorre de forma gradual; isso ocorre devido às nossas limitações sensoriais que só percebem os elementos desde que haja uma conexão prévia. Como isso funciona?

Seria como degraus de uma escadaria em que não conseguimos dar um salto sem passar, no mínimo, pela maioria dos degraus; lembrando que quanto mais degraus pulamos, maiores os riscos de quedas. Esse paralelo se faz interessantemente nas esferas de nossas vidas cotidianas, em que a importância de uma base sólida de conhecimento nos permite maior segurança na possibilidade de dar o próximo passo, em expandir nossas possibilidades. Podemos perceber esta lógica em várias instâncias do cotidiano, ex: Disciplinas que são pré-requisitos para outras na Universidade, leituras de livros base para leituras sucedentes, processos na culinária de fermentação de massas que antecedem o cozimento e assim por diante. Nossa realidade atual é toda balizada pelos pré-requisitos e pela espera e isso deve ser levado em consideração na harmonização interior.

Não estou propondo aqui que a realidade seja formatada desta forma, pois como sempre tenho reforçado, estamos apenas em uma porção muito limitada das dimensões possíveis compostas pelos delineares conceptivos que compõe a parcialidade do Mundo pleno, mas proponho aqui que, dentro da nossa limitação, precisamos conhecer as "regras do jogo" para partirmos delas e, então, compreendermos outros patamares existenciais. Essa é uma hipótese ou, no mínimo, uma possibilidade.

Dentro destas regras conhecidas e que nos define, por exemplo, como seres humanos, com nossas próprias características, assim como todos os outros seres possuem as suas, é a teórica capacidade cognitiva, de pensamento, que faz com que consigamos grandes evoluções no pensamento, na tecnologia, saúde e tantas outras. Supondo que essas capacidades sejam realmente especiais e únicas, não faria muito sentido vivermos nos comparando aos animais para justificarmos nossas ações de destruição.

Na verdade, independente do comparativo do parágrafo interior, mesmo nós não sendo tão especiais e únicos assim, considerando tudo o que já expressei nessa obra; considerar nossas características para nos entendermos enquanto indivíduos, sociedade e nossa relação com o entorno é o que eu estava mencionando como "regras do jogo", ou seja, se entendermos as bases destas regras, poderemos nos desvencilhar delas e compreendermos a "verdadeira" essência da vida.

Portanto, como exemplo, quando um homem briguento e valente diz para outro frases como "você não é homem não?!" Para questionar a virilidade do outro, parece-me um grande equívoco no sentido de que para sermos agressivos e teoricamente selvagens, deveríamos ser comparados aos animais, principalmente aos carnívoros. Questionar o gênero humano do outro indivíduo faria relativo sentido se estivéssemos comparando questões intelectuais, tão aclamadas pela civilização humana atual.

Entendo que sensato seríamos nos esquivarmos destas noções de parcialidade e simplesmente buscarmos nossa própria evolução, baseada no equilíbrio, na boa convivência, no amor, na paz e em tudo que possa promover o que há de bom e positivo para tudo e todos. Já percebemos que nas "regras conhecidas", o jogo da violência não amplia, não agrega. Sejamos exemplos, motivadores de frequências harmoniosas para que possamos diminuir as nossas parcialidades, de outros seres e de tudo o que há, dentro de nossas limitadas percepções sensoriais. Lembremos que a proposta aqui é que a existência plena, didaticamente falando, existe por si só e que tudo o que precisamos para encontrá-la vem de nossa capacidade de entendê-la por meio da ampliação de nossos delineares conceptivos da existência.

Um fator importante nesta reflexão e já tratado por aqui é a questão dos atributos das parcialidades e seus supostos hospedeiros. Muitas vezes acabamos gerando estes conflitos interpessoais decorrentes de nosso julgamento em relação aos outros. Isso pode ocorrer entre humanos, entre vidas de diferentes espécies e até entre matérias diferentes. Tendemos a considerar que existem pessoas más, que as ações de degradação provêm da iniciativa delas. Isso pode parecer muito óbvio, contudo, dentro da hipótese aqui apresentada, somos apenas autoconsciências que refletem parcialidades de uma fonte absoluta.

Pensando assim, as coisas ditas más ou ruins são limitações da nossa capacidade de entender a existência, ou seja, daria para pensar que pessoas não são ruins, mas que refletem suas parcialidades. Desta forma, apesar de não ser tão clara a distinção, seria muito mais construtivo buscarmos um caminho de ampliação de nós mesmos, do que entrar em embate com as limitações das demais autoconsciências. Daria para pensarmos que as demais autoconsciências só existem pra nós em consequência de nós mesmos, ou seja, se pensarmos no fim daquilo que nos define, não haveria o outro.

Esta é uma reflexão que pode nos fazer entender melhor que a busca deve ser de dentro pra fora e não o contrário. Quanto mais entramos em conflito com o exterior, mais vibramos estas energias e mais concebemos a existência desta forma, ou seja, mais distorcida e parcial se tornará nossa autoconsciência, aquilo que somos enquanto indivíduos. Não nos esqueçamos que nossos sentidos conhecidos nos levam logicamente a entender que tudo o que há para cada um de nós é simplesmente consequente de interpretação. Nem mesmo sabemos o que existe fora disso ou se realmente existe algo.

Assim, sugiro uma busca equilibrada, harmoniosa e interior. O Universo pode estar dentro de cada um de nós; insisto, quanto mais nos diluímos enquanto indivíduos, quanto mais desfazemos nosso apego deste sistema construído pela nossa relação civilizatória, mais "dominamos" tudo o que há em busca do que "não há".

Agora, gostaria de fazer uma reflexão sobre a fragilidade de nossas convicções no âmbito da percepção da realidade, neste caso, quanto a nossa sensibilidade e empatia em relação às ocorrências externas.

Se pensarmos nos nossos sentidos conhecidos, ou seja, na visão, audição, olfato, tato, paladar e, em alguns casos até no pensamento, poderemos perceber o quanto o distanciamento em relação a um fato pode ter relevância na nossa concepção de realidade, no nosso entendimento e sensibilidade em relação a ele.

Quando vemos uma explosão de bomba ou uma briga à grande distância, não conseguimos perceber todo o caos da situação, a angústia dos feridos, o posterior drama familiar e de conhecidos, as aflições, basicamente não conseguimos perceber nada com o pouco que conseguimos sentir; desta forma, toda a cena parece simplesmente ficção, como algo muito distante que nem damos conta. Diante desta limitação, basicamente não nos consentimos com a relevância do caso.

Quando estamos próximos de acontecimentos como estes, sentimos a angústia da dor e sofrimento alheios, vivenciamos a cena, fazemos parte dela. É como se perceber com os nossos sentidos os detalhes de um acontecimento fizesse com que nosso pensamento focasse no caso. Se pensarmos que já conhecemos as consequências de uma explosão, dos danos e suas lamúrias, não faria sentido não sofrermos com as vítimas, mas por algum motivo, o distanciamento define o que sentimos e o que não sentimos.

Esta questão é importante para nos fazer refletir sobre nossa relação humana e nossa relação com os animais e a vida. O fato de não termos a capacidade de percebermos algo não quer dizer que ele não exista. Quando falo em existência quero dizer na nossa percepção parcial de uma realidade em que realmente estes fatos podem não existir, mas essa é uma reflexão de outros patamares que já fizemos por aqui. O que acontece é que, dentro da nossa realidade cotidiana, que usamos como ponto de partida para nossa compreensão, o fato de estarmos próximos ou distantes, para uma vítima não vai mudar a sua dor e é aqui que entra nossa capacidade de pensamento.

O raciocínio lógico, em que conectamos conteúdos que "se encaixam" em suas parcialidades, a utilização de analogia de ocorrências, em que usamos um acontecimento conhecido para compreendermos outro, o aprendizado cognitivo, em que assimilamos conteúdos por meio de experiências, entre tantos outros ferramentais de nossos sentidos conhecidos, neste caso incluindo-se os pensamentos, nos possibilitam facilmente compreendermos racionalmente que aquela explosão, por exemplo, mesmo vista de longe, gera dor, sofrimento e destruição. Neste ponto que entra a empatia, em que tentamos "vivenciar" e "sentir" as demandas da vida através da ótica do outro. Quando percebemos que existe sofrimento e parcialidades de terceiros, temos maior facilidade em usar os ferramentais utilizados para entender o que estamos causando.

O que quero dizer com tudo isso? Simplesmente deixamos muitas ocorrências ruins acontecerem porque não nos dispomos a sentir a realidade gerada aos outros e tudo isso está fortemente relacionado às nossas limitações que incorporam como verdade as imposições materiais forjadas pelo organismo civilizatório. Quando buscamos outros patamares e realmente entendemos que o equilíbrio e a bondade decorre da justiça, dos direitos, da ampliação da liberdade de todos, finalmente conseguimos avançar no conhecimento da existência e, enfim, galgar um Mundo maior, didaticamente falando.

Claro que estes conceitos apresentados são apenas parcialidades e que acabam conflitando com uma proposta de existência plena, mas lembramos que nossas limitações de entendimento não nos deixam fazer todas as conexões devidas pois ainda temos muito a conhecer de "lógicas ilógicas" de dimensões desconhecidas.

Em resumo, não é interessante nos apegarmos às simples aparências das coisas, um aviador quando dispara uma bomba nuclear à distância, uma pessoa quando come um pedaço de carne decorrente da morte de outros seres, um alienígena quando vê a destruição de um planeta; tudo isso, ao longe pode não significar nada para os observadores, mas pode significar grande dor e desequilíbrio para as vítimas, portanto, sejamos cautelosos, vigilantes e curiosos quanto ao entendimento de tudo o que causamos em nossas ações à distância, isso poderá promover equilíbrio, amor, paz e uma vida muito melhor a todos, inclusive você próprio.

Existem muitas questões para tratarmos nas incertezas da existência, como já comentei, não viemos com um manual que nos afirme nossas origens, se é que elas existem realmente, ou que nos dê propósito individual ou coletivo. O ser humano sempre tentou criar propósitos para justificar a sua existência e isso fez com que nos achássemos muito especiais frente a todo o resto. Isso fez com que começássemos a nos achar especiais frente às outras pessoas, outras nações e, infelizmente, essa busca por propósitos gerou uma competitividade tão grande que nos tornamos altamente destrutivos.

Os propósitos criados passaram a ser mais importantes que a busca que os motivou, ou seja, perdemos ao longo da história o vínculo da busca de quem realmente somos para alimentar um sistema gerado pela busca dos propósitos. Isso ocorre claramente com o exemplo do dinheiro: Ele foi desenvolvido historicamente para ser uma ferramenta de medida para que as produções humanas fossem mais justamente compartilhadas ou trocadas, ou seja, era um meio de fazer com que um objetivo fosse atingido mais facilmente; contudo, historicamente a humanidade passou a supervalorizar o poder por meio desta ferramenta, às vezes nem mesmo percebendo que a busca pelos lucros não geravam usufruto de seus ganhos. Como assim?

Já ouvimos dizer que hoje busca-se tanto o ganho pelo dinheiro que as pessoas tendem a não terem tempo para aproveitar aquilo que podem "comprar" e o foco principal passou a ser algo que na verdade era uma ferramenta para facilitar certos propósitos. As pessoas pararam de tentar se encontrar, de se conhecer enquanto autoconsciência para medir "quem são" a partir de suas posses. Isso fez com que nos restringíssemos cada vez mais ao materialismo conhecido e perdêssemos a oportunidade de parar, pensar, vivenciar a gratidão e todas as características mais positivas já conhecidas, aquelas qualidades sempre pregada por nossos pais, mas pouco praticada por todos, simplesmente para agirmos como máquinas produtivas que objetivam o ganho pecuniário.

Será que ganhamos com isso? Será que nos tornamos mais humanos, no sentido tão especial que nos sentimos?

Talvez fosse a hora de parar novamente para tentarmos recuperar onde perdemos nossa bondade, onde perdemos nossa verdadeira motivação de existir para quem sabe recuperarmos as boas relações. Hoje somos seres competitivos, constantemente desconfiados e aflitos, seres que matam e exploram toda forma de vida, seres que destroem e consomem todos os recursos fornecidos, seres que praticamente não se amam mais. Será que é isso que queremos para nós e para aqueles que supostamente amamos?

Quando pensamos no amor, logo remetemos a algumas pessoas queridas pertencentes às nossas vidas. Socialmente temos muitos rótulos para o amor, amamos nossos pais, temos amor fraterno por nossos irmãos e amigos, amor conjugal com nossos parceiros sexuais, amor incondicional por nossos filhos e até amor "interespécie" por "nossos" animais de estimação. Tudo isso é muito bonito e válido, pois nos faz entender e valorizar ações de carinho e cuidado em nossas relações, contudo, pensando de forma mais ampliativa, em respeito a hipótese dos delineares que nos formam, estes amores rotulados podem ser bastante restritivos para uma vida melhor e mais equilibrada.

Algumas vezes nos deparamos com propostas de amarmos uns aos outros, amarmos os animais, o planeta e o Universo; estas iniciativas podem parecer exageradas e inaplicáveis. Todavia, se pensarmos que tudo é parcialidade de uma realidade plena, equilibrada e sem nenhuma aflição e entendermos que o amor pode ser um combustível para o caminhar rumo à ampliação de nosso entendimento e harmonização, poderemos entender que naturalmente somente nos ampliamos enquanto autoconsciência quando realmente amamos tudo o que há.

Claro que nos causa grande estranheza pensarmos em amar a dor, amar o assassinato e assim por diante; mas como eu disse anteriormente, estes são aspectos de parcialidade e o que passaremos a amar é a construção ampliativa de dentro de nós, ou seja, quanto mais amamos, mais diluímos estes conceitos negativos e que nos desequilibram.

Lembrem-se que não são as consciências que são más e sim as parcialidades; claro que as consciências também são parcialidades, contudo independente de um ou de outro, o que realmente tem papel modificador é como construímos nossa concepção da existência, pois a partir de nós é que modificamos o mundo e consequentemente mergulhamos cada vez mais na dissociação de quem somos e no entendimento que só existe uma fonte absoluta e não compreensível por nossas limitações.

Portanto, vejo o amor como um instrumento trivial para esta jornada e para o nosso entendimento, vejo o amor como uma ferramenta universal que decorre da própria capacidade de ampliação; quanto mais temos amores rotulados, mais restrita se torna nossa capacidade de entender a existência, quanto mais ampliamos a capacidade de amar globalmente, mais equilibrados nos tornamos.

Agora, para adentrarmos no próximo tópico proposto, integralmente ligado a tudo que refletimos até aqui, gostaria de trazer uma reflexão humana com vocês:

Somos seres humanos e consideramos que temos um bom entendimento e conhecimento desse mundo, basicamente acreditamos que o que vemos, ouvimos, tateamos, cheiramos e degustamos, além de algumas variações de ondas não percebidas descobertas são a composição básica do que existe. Não paramos para pensar que nossa evolução animal, sim somos todos animais não se esqueçam, independente de ter sido originalmente criada ou decorrente de organismos mínimos não organizados, nos permitiu ampliarmos nosso conhecimento e compreensão de mundo.

Cada um de nós tem uma história para contar baseada exclusivamente no que sabemos da vida. Achamos que sabemos tudo, ou quase tudo. Agora vamos pensar nos outros animais, além de nós. Eles são vários, de inúmeras evoluções ou fases da vida diferentes. Cada um consegue interpretar o mundo da sua maneira, com suas ferramentas, seus sentidos e sua autoconsciência; sim, não somos só nós que sabemos que existimos. Alguns compreendem mais o mundo que está a sua volta e outros menos e, assim como nós, cada um "acha" que a realidade é aquilo que conhecem. Desta forma, a única diferença entre nós e cada um deles é a nossa capacidade destrutiva de impor o que queremos, nossos luxos e vaidades. Uma vaca também quer cuidar do seu filhote, tem carinho e amor por ele, um porco também sente dor, aflição, desespero ao ser tratado como coisa e fatiado ainda com sopro de vida; você não sente dor quando bate a canela no pé da mesa? Isso não é nada!

Uma galinha também quer que seus ovos tenham a chance de "lutar" para prosperarem enquanto vida; todos eles, ao contrário dos vegetais vivos, sabem de tudo isso e, assim como nós, tem suas "coisinhas super importantes" pra fazer.

Você, mulher, que já amamentou um bebezinho, com aquela boquinha delicada, já pode ter sofrido de dores nos seios, mas a dor vale a pena pelo seu filhote; sim, a vaquinha também quer fazer valer a pena pelo seu bezerrinho. Ao contrário, em prol de um alimento absolutamente prejudicial à nossa saúde, roubamos seu leite, sugamos seus "seios" com máquinas até sangrar e infeccionar rotineiramente e ainda matamos seus filhotes pra comer "baby-beef". Tudo isso sob gritos e choros de clamor de um ser que, infelizmente, é mais "fraco intelectualmente" que nós. Por que achamos que temos esse direito?

Falamos tanto em humanidade, em sermos bons e éticos. Será que causar tanto desespero, muito pior que o do holocausto, diariamente e incessantemente na vida de seres limitados, como nós também somos, é aquilo que você sonhou pra você e pro seu filho? Alguns vão dizer que na natureza a vida é construída com predador e presa; claro, mas neste caso todos tentam sobreviver, todos nascem com uma oportunidade de vida.

Todos nós nascemos correndo riscos, nós humanos também. Agora, nascer pra ser explorado, torturado, humilhado e ainda morrer; sem qualquer chance de vida plena é realmente similar ao mundo natural? Outra, cada um está em uma fase evolutiva, de conhecimento de mundo; a natureza deles é esta, caçar e fugir. Será que precisamos nos espelhar nisso ou entendermos que também estamos evoluindo e buscando mais paz e amor na vida? Não estou aqui para converter ninguém, quero que todos os terráqueos tenham a chance de ser "felizes", todos mesmo!

Nesta linha, entendo que não devemos nos comparar aos animais, todos somos seres em evolução. O fato de nos considerarmos mais inteligentes, o que é muito restrito, nestes casos poderia ser o Norte para não usarmos argumentos naturalistas para justificar a necessidade de matar para comer e sobreviver.

Há de se considerar, como muito já foi dito nesta nova fase do início de uma esperada revolução, que as pessoas, por questão de conveniência, tendem a utilizar o ato selvagem das relações entre espécies "naturais" como uma justificativa de nossas ações, por exemplo, no ato predatório do leão em relação a uma zebra, contudo, não se utilizam de outras ações do mesmo animal, como por exemplo as lambidas como forma de cumprimento, o banho a seco, entre tantas outras ações aversivas à nossa sociedade, como justificativa de nossa diferenciação em relação aos animais.

Portanto, reforço que cada ser, cada padrão de autoconsciência está em um "patamar" diferente de concepção de realidade e hoje podemos, enquanto humanidade, buscar caminhos mais equilibrados, suaves, que possam permitir um avanço intelectual, espiritual e de amabilidade para nossas vidas.

A natureza que conhecemos, as relações predatórias, os embates agressivos, todos estes elementos parecem ser parcialidades, distorções do estado de equilíbrio. Nós, humanos, estamos em um processo de aperfeiçoamento e nos cabe continuar a caminhada à tão sonhada paz. Nos compararmos a outros seres, outros indivíduos, nos compararmos as relações destrutivas de presa e predador significa nos conformarmos com nossa insignificância. Sejamos modificadores, engenheiros de uma realidade mais amável e convergente, até que possamos encontrar a unidade perfeita e fazer da realidade de todos uma existência plena. Nós, os animais e tudo o que há não precisamos nos agredir; e quem serão os agentes dessa consciência?

Dentro desta primeira reflexão, temos algumas formas de pensar sobre isso tudo. Na verdade, muitos tentam primeiramente tentar rebater, como uma autodefesa, aquilo que vai te tirar da suposta zona de conforto, contudo, como já expus aqui, o aparente conforto em nós plantado traz consigo inúmeras mazelas e reais desconfortos históricos em nossas vidas. Sempre teremos argumentos para se defender de tudo, mas será que esse é o caminho?

Podemos ficar por um milhão de anos debatendo argumentos, porém minha experiência de vida me mostrou que provavelmente este não seja o caminho ideal. Como já discorri anteriormente, todos os argumentos são rebatíveis; todos eles possuem os dois lados. Não podemos nem devemos basear a nossa essência, quem somos em argumentos, pois seremos pessoas vazias.

Entendo que temos que olhar para dentro de nós e tentar entender quem pretendemos realmente ser. Quem é você. Entende?

Quando olhamos um abate de um animal vivo e consciente, um animal que chora e se aflige, ficamos anojados, tristes, emocionalmente abalados; é simples. Faz parte da nossa essência.

Estas questões estão intrinsecamente ligadas com a busca equilibrada pelo conhecimento de uma existência plena, perfeita e absolutamente "agradável" didaticamente falando.

Certa vez fiz a seguinte reflexão sobre quem eu sou ou quero ser: Percebi que quero fazer a minha parte, que eu não sou isso que está nos vídeos tão conhecidos de exploração e abate animal, que não quero fazer parte disso. O que nos faz seres humanos é a teórica capacidade evolutiva, assim considero que estamos em uma fase do delinear conceptivo que nos permite nos desligarmos dos instintos e cada vez mais nos "espiritualizarmos". Toda dor está ligada à matéria e se nos afastarmos cada vez mais dela, mais em paz estaremos.

Historicamente, a humanidade nunca respeitou os mais fracos sejam humanos, sejam animais ou vegetais; a humanidade não abandonou seus instintos de dominação não evoluiu eticamente para uma situação de respeito e evolução cultural e intelectual, ou seja, estamos traçando um caminho coletivo de divergência entre o que pregamos sobre nossa própria inteligência e superioridade em relação à nossa incapacidade de aplicar o básico do estado equilibrado de convivência, justiça e direitos.

Complementarmente, considero importante salientar que mais vale o que está dentro de nós, ou seja, aquilo que nos compõe enquanto autoconsciência, inclusive nossas ações individuais que definem parte da influência de composição de "realidade" do nosso entorno. Acredito que as mudanças sempre devem ocorrer de dentro pra fora; estando bem consigo mesmo e fazendo as coisas positivas, o entorno se adequa a você naturalmente. Isso certamente vai resultar na falta do desejo por partes de seres conterrâneos ou aqueles decorrentes de sua exploração como a carne, ovos, leite, queijos, mel, dentre tantos outros. Mesmo que haja contato direto com estes itens por ocasião do acaso, torna-se totalmente tranquila a manutenção de um estado de paz e equilíbrio. Hoje estou construindo dentro de mim o conceito de que é um processo interno.

Ademais, quando compreendermos que a existência não parece ser algo estruturado, que os rótulos são criados por nossa percepção de realidade e consequentemente são percebidos pelas parcialidades, entenderemos que não há diferença essencial entre nós, os animais, os vegetais, minerais e qualquer outra coisa; e o que realmente importa é estarmos equilibrados com todos dentro de nossa percepção de mundo, buscando sempre estarmos harmonizados, proporcionando isso para o entorno, e assim abrirmos possibilidade para a ampliação do conhecimento, para a ampliação do próprio existir.

Essa ampliação interior tem condições de influenciar e compor a realidade do entorno; algumas vezes podemos nos desapontar com algumas ações ou pensamentos de pessoas e grupos que muito nos motiva, que são exemplos e que, por motivos diversos, não se harmonizam com nossas aspirações ampliativas. De qualquer maneira, considero que toda nova construção interior resulta em uma semente de mudança nos demais e isso se torna uma espécie de corrente positiva, que pode ser lida como uma iluminação coletiva.

Todos passamos por diversas fases que não nos permite compreender aquilo que está ao nosso alcance, isso ocorre naturalmente, e a consequência é a resistência ao novo que nos é apresentado. Muitos elementos são amadurecidos dentro de nós. Por exemplo, se pensarmos na ampliação do conhecimento à plenitude como uma virtual aproximação à bondade, assim mais nos sentimos naturalmente envolvidos com isso e com outras questões também. O amor aos animais, por exemplo, é uma fase da ampliação que tanto tratamos aqui.

Não perco as esperanças em todos vocês e fundamentalmente em mim mesmo, pois acredito que todos estejamos cada vez mais próximos desse potencial. Aliás, a infinidade, didaticamente falando, está ao alcance de todos, ela é livre de patentes, sem necessidade de licença. Aliás, insisto que somos apenas parcialidade de algo pleno e que a consequência buscada é o desfazimento de nossas autoconsciências e isso é belo, isso é o amor, é o equilíbrio e o atingimento de algo inatingível atualmente por nosso entendimento, mas idealizado e imaginado pelas mentes que buscam.

Opostamente, sabemos que atualmente tendemos a nominar as coisas, os seres, os sentimentos, os conceitos, principalmente quando eles revelam alguma importância em nosso cotidiano; quando isso ocorre, a tendência é os nomes deixarem de ser genéricos e passarem a ser mais específicos.

Essa rotulação nos ajuda nessa vivência limitada atual a obtermos entendimento restrito que nos permite obtermos um ponto de partida para a ampliação do conhecimento. É como se fosse necessário você conhecer o número "1" para poder entender o "2".

Tudo isso pode parecer destoante com a proposta de desfazimento, porém entendo ainda não termos condições de conceber patamares maiores sem alguma ligação com o que conhecemos parcialmente.

Desta reflexão, proponho um exercício; experimente dar um nome para cada animal; não falo de um cachorrinho ou gatinho, aos quais já nomeamos historicamente, mas experimente fazer isso com aqueles da fazenda, aqueles que nascem, "crescem" e morrem exatamente para o consumo humano. Essa prática pode até ser comum em certas terras, mas isso certamente está muito mais ligado às ações das suas crianças e vai se perdendo com a maturidade, infelizmente regada diariamente de manipulação das limitações sociais.

Agora que já nomeou cada animal, tente criar um vínculo afetivo com ele, conhecer sua história, acompanhar seu crescimento. Tendo isso, pense nele passando por maus tratos, exploração, humilhação e morte. Caso tenha realmente conseguido imaginar tudo isso, mesmo que transcrito com tamanha simplicidade, terá tido uma chance real de perceber quem realmente você é e o que poderia fazer para melhorar seu equilíbrio com a existência.

Esse exercício não pretende limitar seu entendimento da existência como um todo, mas talvez mostrar que estamos restritos aos rótulos para alimentarmos nossos sentimentos e afeições. Talvez se diluíssemos a necessidade de haver rótulos para existir amor, teríamos maior capacidade de conceber a existência de forma mais esplendorosa, livre de tanto sofrimento, dor e desequilíbrio.

Não ame um rótulo, pois eles são restritos e sem essência. Pouco contemplam a existência.

Aliás, quando pensamos no amor aplicado à nossa tradição cultural, logo pensamos em amor familiar, fraterno, por amigos entre outros, desta forma, temos como exemplo um jantar em família ou entre amigos. Um momento dito ou concebido como tão especial em que celebramos alegria familiar e a manutenção da vida saudável. Um momento como esse não poderia ser consequente de tanta dor, humilhação e tortura a seres que também se alegram em viver e estar com seus familiares e iguais. Bastaria observar o carinho das mamães animais com seus filhotes e a relação absolutamente afetiva que cultivam entre eles.

Quando proponho o amor ampliado, ou seja, aquele que é fonte para o equilíbrio, justiça e direito entre todos, temos a chance de propiciar este estado para todos. Hoje temos condição humano-evolutiva de mudar nossos paradigmas e procurar fazer desse mundo um paraíso.

Para promovermos um paraíso em nossas vidas cotidianas e ampliarmos isso à existência como um todo, temos que considerar que nossa paz e equilíbrio depende daquilo que promovemos ao outro, ao entorno, que tudo está integrado. Pode ser interessante pensarmos nestas questões com esta afirmativa. Não que sejam afirmações baseadas na verdade ou na incerteza, aliás, na hipótese que tenho trabalhado, mais vale o que projetamos para a vida do que aquilo dito como verdadeiro decorrente de nossas limitações.

Um ponto sobre essa convergência entre as autoconsciências nesta existência é o próprio fator ligado à transição de quem somos. Existem reflexões sobre a reencarnação, por exemplo, que mesmo não pensada de forma tão lógica poderia nos remeter ao conceito dos delineares conceptivos, em que o conhecimento é um monte de conglomerados de uma fonte "infinita" e que estes conglomerados contemplam tanto o que somos individualmente quanto o que somos coletivamente. Entendo que, por fazermos parte de uma mesma fonte plena, transitamos entre os vários delineares, assim, nossa autoconsciência também pode transitar em essência entre os vários seres em vários teóricos tempos.

Se pensarmos na quantidade de vacas, porcos, galinhas, peixes que são explorados e abatidos incessantemente pela humanidade, corremos o inevitável risco de também fazermos parte deles, de sermos eles; seja no conceito da reencarnação, seja no conceito de fazermos parte de algo único, sem que os dois conceitos se excluam. Talvez não seja tão óbvio perceber e sentir isso, mas é bastante plausível concebermos que não existe equilíbrio exclusivamente individual e que quanto mais harmônico está o nosso entorno, mais isso refletirá ou será refletido por nós mesmos.

Se pensarmos que a realidade é aquilo que concebemos enquanto autoconsciência, que a existência decorre do que imaginamos dela, então nada mais lógico que promover ações equilibradas e que se afastem de frequências angustiantes. Buscar o seu mundo limpo da maneira que você realmente sabe que idealiza, possivelmente lhe permitirá o equilíbrio suficiente para se expandir enquanto delinear conceptivo, enquanto ser vivente e existencial.

O outro ponto desta reflexão e que serve como parâmetro de construção do paraíso interior, totalmente ligado com o acerto anterior, é a questão da questão da busca do prazer baseado em quem somos. Evidente que nossa construção está "viciada", ou seja, baseada nas limitações as quais tivemos contato por toda a vida ou além. Assim, muitas vezes não percebemos o que causamos a outrem. Um exemplo que posso mencionar é o seguinte:

Experimente pedir para um estuprador parar de estuprar, simplesmente por ser considerado errado, ruim ou prejudicial. Imagina que ele sinta prazer com isso e que a sociedade não aplique nenhuma sanção em sua liberdade. De um modo geral você perceberá que ele só vai parar quando alguém aplicar uma restrição, quando, no caso da sociedade atual, prendê-lo. Dentro desta reflexão, me submeto a mencionar um diálogo anterior com alguém. Foi mais ou menos assim:

"Mas você quer atrapalhar a minha alimentação?!"

Respondi: "se um estuprador estiver sentindo um prazer gostoso com uma mulher indefesa, ele não diria a mesma coisa? – mas você quer atrapalhar o meu prazer?!"

Neste caso, a mulher indefesa é similar a um animal indefeso, a diferença é que a maior parte da humanidade não entendeu isso ainda; é o mais forte se aproveitando da fraqueza do outro, só isso.

Estes pensamentos devem fazer parte de nosso imaginário corriqueiramente, assim perceberemos o que há de conflituoso em nossas ações frente ao que concebemos de mundo e assim nos livraremos gradativamente das parcialidades.

Agora, considerando que esta obra está constantemente dialogando com questões éticas, no sentido da manutenção do ambiente salubre para tudo e todos, gostaria de trazer algumas reflexões:

Por que achamos que a ética decorre de pacto exclusivamente com humanos? Fizemos algum pacto com os animais para explorá-los? Em nossa sociedade moderna, considerando nossas ações frente aos mais fracos, não somos tão corruptos quanto aqueles que acusamos? Existe alguma lei universal que diz que temos direitos especiais sobre qualquer forma de vida ou isso decorre simplesmente de suposta superioridade de recursos?

Estas reflexões podem parecer superficiais e não muito verdadeiras se compararmos a proposta desta obra de que estas relações são simplesmente restritas aos delineares que as compõe, ou seja, de pouca significância frente às possibilidades plenas. Contudo, já expressei aqui que não temos condições de entender outros níveis da existência sem que estejamos equilibrados com aquilo que conhecemos e vivenciamos, tudo restrito aos nossos sentidos conhecidos.

Desta forma, entendermos os quesitos de desequilíbrio em nossos pensamentos, falas e ações, diante daquilo que conceituamos como verdade material é parte integrante de uma busca por, no mínimo, um estado equilibrado e saudável deste patamar da autoconsciência.

Então, quando repetimos sobre ética nas relações, considero fundamental entendermos se nos harmonizamos com os preceitos éticos que pregamos.

Assim como aconteceu inúmeras vezes na história civilizatória humana, tivemos momentos de exploração e posterior libertação de alguns grupos que eram interpretados como mercadoria. Isso ocorreu com judeus, negros, índios e hoje acontece com os animais. Parece estranho comparar seres humanos com animais, pois teoricamente somos espécies diferentes, contudo, esta divisão é forjada por nós mesmos, por critérios científicos que nada consideraram os aspectos de relação emocional.

Não me parece justo usarmos uma segregação por espécie para definir o que merece e o que não merece respeito. Na verdade, é importante entendermos que tipo de condição de vida criamos para outros seres, para o entorno, para toda a existência no que compreendemos de nossa autoconsciência.

É muito coerente entendermos, mesmo que redundantemente, que a separação de tipos de vida é puramente criação de nossas referências humanas; em essência, não existe ser humano, animal, planta, pedra e assim por diante. De alguma maneira a civilização foi construindo imaginativamente conhecimento para que pudesse ter um ponto de partida para certas ações. Isso não significa que haja uma motivação divina ou universal que estabeleça que devemos tratar um porco como mercadoria e um ser humano como alguém digno de direitos e respeito. Como já disse, já tratamos humanos no passado como coisa e isso era legitimado pelas normas conceituais humanas à época.

O que é importante considerarmos, no meu entendimento que se alinha com a proposta aqui apresentada, é o que geramos de equilíbrio ou desequilíbrio para o nosso entorno, dentro daquilo que conhecemos, para que possamos conhecer mais e nos moldarmos a delineares mais contemplativos.

Dentro desta lógica, trago uma indagação apresentada por muitos sobre o porquê de pouparmos os animais e não nos preocuparmos com o sofrimento das plantas.

Entendo que pedir para pouparmos as plantas é o mesmo que pedir a um leão que poupe a zebra. Isso até será possível, mas hoje não faz parte de nosso momento evolutivo ter essa consciência. Ao contrário da nossa relação hodierna com os animais.

Mesmo que uma pessoa considere que uma planta sinta sofrimento quando cortamos seu caule, isso é uma percepção individual, assim como perceber se um animal sente dor e angústia ou não. Assim, cabe a cada autoconsciência perceber a sua capacidade de contemplação da existência e ir se modificando e modificando o mundo à sua volta. Acredito que se hoje temos condições de entender que um animal sofre e merece direitos e respeito assim como outras formas de vida sencientes;isso é possível, por exemplo, porque criamos uma realidade em que conseguimos sobreviver sem a necessidade de consumi-los. Assim como, ao evoluirmos para uma realidade em que percebemos a aflição vegetal, poderíamos encontrar essa evolução física e/ou mental para dispensarmos esse suposto alimento.

Em resumo, assim como ontem promovemos libertação por sentirmos que algo estava errado, hoje temos esta condição com os animais e amanhã teremos com qualquer outra forma de vida ou existência. Esta é a beleza da evolução que nos mostra claramente que pouco sabemos ou entendemos.

Além disso, considerando esta evolução em que cada vez menos precisamos de materiais para nos nutrimos, já podemos perceber cada vez mais que comer pouco e bem traz vários benefícios sociais e individuais. Saúde física, menos poluição, menos transporte, menos produção industrial, menos esgoto, menos lixo, menos dor, humilhação e sofrimento. Talvez realmente conseguiremos, seja individual ou coletivamente, transformar a realidade e obter nutrição de outras formas de energia.

Não quero que esqueçamos que a proposta aqui é que a existência plena é aquela "real" e que tudo o que conhecemos é uma parcialidade disso, ou seja, não nos prendamos àquilo que sempre pregaram como verdade absoluta, estes são os dogmas e eles devem ser rompidos gradativamente para que possamos engrandecer nossa percepção existencial com harmonia rumo ao desfazimento da autoconsciência e do "atingimento" da plenitude.

Sempre procuro demonstrar aqui que a construção é gradativa. Eu havia escrito em meu primeiro livro que a gente chega em lugares muito distantes desde que façamos isso passo a passo; ainda não sabemos ou não entendemos como voar; mas sem o primeiro passo, a estática é garantida.

Gostaria de deixar um pequeno texto decorrente de inspirações motivadas pelo amor e pela busca ao equilíbrio entre os seres:

1- Algumas vezes nos questionamos sobre a sensibilidade através da possibilidade de percepção de dor e sofrimento pelas plantas ou até mesmo por objetos inanimados, talvez amparados pelas restrições de nossos sentidos já amplamente discorridas aqui. Quando pensamos no momento em que vivemos e na busca pelo equilíbrio conosco e com nosso entorno, neste caso pela proteção e zelo ao bem-estar animal, cabe-nos refletir a questão da proximidade, consciência e atingibilidade. Como isso se dá?

Somos próximos fisiologicamente e mentalmente até aos animais, desde a proximidade mais "familiar" até aquelas de maiores diferenças físicas, contudo, conhecemos a sensibilidade de todos os animais que sofrem da mesma maneira que nós, humanos. A questão da proximidade faz com que tenhamos consciência de buscar o equilíbrio entre nós por meio de nossa ciência e empatia em relação a estes seres. Nesta monta, remeto à questão da consciência por meio daquilo que fazemos como ação ampliativa ou restritiva, ou seja, quando sacrificamos seres semelhantes e que sabemos de seu sofrimento, automaticamente estamos gerando desequilíbrio na nossa percepção existencial e nos delineares conceptivos que nos formam, enquanto que quando teoricamente geramos dor e sofrimento às plantas e objetos inanimados, não existe nenhuma conexão de consciência nesta ação. Isso significa que podemos maltratar e causar desequilíbrio a tudo que ignoramos?

Claro que não; mas o intuito é que possamos evoluir em nossa percepção existencial para sabermos o que estamos causando de positivo ou não em nosso entorno e, a partir do momento que evoluirmos para diferentes percepções, podemos tomar novas decisões que favoreçam o bem estar geral e a ampliação de nosso próprio existir frente a plenitude existencial, essa perfeitamente equilibrada.

Assim, ao pensarmos desta maneira, entendemos ser prudente protegermos aquilo ou aqueles que sabemos que precisam de proteção e buscarmos conhecer mais daquilo ou daqueles que ainda não entendemos plenamente por nossas limitações sensitivas.

Além disso, existe uma hipótese plausível de que não temos a capacidade de causar dor àquilo ou aqueles que não temos forte conexão, pelo menos conexões materiais no mesmo nível de nosso entendimento. Ou seja, podemos interferir bastante nas plantas e nos objetos a nossa volta, mas estas interferências estão em outros níveis de padrões de entendimento. Quando colhemos uma planta, por exemplo, que teoricamente poderia causar-lhe dor, na verdade pode significar o contrário, como uma energia positiva de conexão entre as partes; diferentemente do desequilíbrio que causamos na dor e sofrimento fortemente perceptível no abate e exploração dos animais.

Temos que entender que pouco conhecemos e que nossa percepção deve ser considerada para que possamos evoluir. Mesmo que a percepção possa não estar condizente com a realidade de outros patamares, ela é condizente com nossa consciência que é o ponto de partida para qualquer evolução individual ou coletiva a partir de nosso ser.

Quando nos diferenciamos de tudo o que há, enquanto seres humanos, tendemos a utilizar nossas crenças, sejam religiosas, científicas ou outras para justificar essa "escolha". Nós, humanos evoluídos, não conseguimos nem mesmo definir um padrão de conhecimento da realidade, divergimos em quase tudo enquanto diferentes grupos, não damos muita oportunidade para o diálogo entre as teorias, apenas refutamos umas às outras. Por exemplo, ao falarmos sobre a oposição entre teorias como evolucionismo e criacionismo, nos parece lógico e coerente a evolução, pois percebemos os vários níveis evolutivos nos seres terrestres, por exemplo, mas também "qual seria o motivador de certos componentes buscarem outros para formarem a vida?". São várias reflexões e elementos a serem considerados, que se somados podem nos ajudar e entender cada vez mais os "passos existenciais".

Certa vez eu estava observando o movimento natural da relação entre árvores e vento. O que senti e percebi foi a beleza do balanço das árvores frente ao vento. São movimentos caóticos e ao mesmo tempo percebemos alguma coordenação. E ainda tem a fase da inércia. Podemos traçar um paralelo com as nossas vidas e o quanto as fases são inevitáveis e importantes e o quanto devemos entendê-las e aproveitá-las. Tudo parece interligado e segue movimentos semelhantes; são os pulsares da existência que compõem os delineares conceptivos, ou seja, tudo o que somos, conhecemos e além.

Complementarmente e tudo o que foi expresso aqui e como elemento da busca pelo equilíbrio e harmonia existencial, gostaria de não perdermos o interesse e a aplicação de nossa energia nas ações em prol do que chamamos de "natureza". Quando deixamos de criar desequilíbrio com ações nocivas ao entorno, como a contaminação, uso indevido e veloz de recursos e consequente desdém com tudo o que nos formou ao longo desses milênios ou bilhões de anos, criamos um mundo que nos favorece incessantemente.

É difícil perceber que um rio limpo e vívido é muito mais valioso que empreendimentos voluptuosos e ostentatórios, que um copo de água límpido é precioso frente a um veículo superesportivo; esta falta de percepção tem nos limitado, nos gerado desconforto e perda de foco. Toda a angústia que todos hoje temos, sejam "ricos" ou "pobres" financeiramente, pode decorrer deste desfocamento, pois hoje sabemos o quanto as doenças provém da contaminação , do aceleramento das reações químico, físico e biológicas e da degradação de quem somos. Considero que vale a reflexão e uma busca de um lugar ótimo pra todas as formas de existência. Quando todos estão equilibrados, não há conflito.

CONCLUSÃO

Não devemos esperar milagres, mudanças radicais e mirabolantes para as dificuldades que enfrentamos, mas também não podemos conceber os problemas com simples aceitação; as pequenas mudanças constroem uma nova conceituação da realidade e essa construção é gradativa, contínua. Pequenos pontos aparentemente desconexos ou de difícil "encaixe", coadunam em resultados completos e significantes em nossas vidas. Cada ação, mesmo que aparentemente muito pequena, reflete em alterações em como construiremos nossa existência, em como influenciaremos os outros e em como faremos um mundo relacional melhor. Portanto, não deixe de fazer, não deixe de ousar, não se esconda atrás do receio; use suas capacidades para construir sua existência e seu entorno. Molde o delinear da maneira mais abrangente e contemplativa e faça isso passo a passo, no seu ritmo e sem inércia.

Lembro, porém, que não estou tratando a inércia como a falta de movimento, a contemplação do silêncio, nem nada do gênero; falo aqui da aceitação daquilo que nos limita. Aliás, a meditação é uma ferramenta excelente para a ampliação do conhecimento de quem somos, daquilo que nos forma.

Outro ponto a ser refletido é que existem várias instâncias do que entendemos por "Deus"; várias manifestações positivas em vários níveis de delineares distintos. Temos o conceito de Deus entre os Homens, de deuses de grupos, e daqueles Universais. Estas podem ser manifestações decorrentes dos pulsares da plenitude, ou seja, da completude de paz, equilíbrio; daquilo que não alcançamos, mas buscamos; poderíamos concebe-lo como Deus.

Nesta obra procurei não utilizar este termo para definir a plenitude, pois me parece que referências mais neutras ajudam a todos terem acesso à informação e disseminar aquilo que pode ser positivo para as relações. Portanto, percebeu-se um caminhar mais desprendido. Penso que assim torna-se viável o caminhar individual, de cada autoconsciência.

Depreendemos de tudo que foi tratado que o objetivo central do ser humano, enquanto indivíduo, parece ser a desconstrução de sua individualidade, percebemos que por mais angustiante e paradoxal que pareça, conhecermos a nós mesmos significa fazermos parte de tudo o que há, não havendo abertura para parcialidades.

Dentro disso, considero que não tem como pessoas coexistirem, conhecendo e sendo a mesma coisa. Nossa existência enquanto autoconsciência é aquilo que conhecemos; é isso que nos forma e define quem somos. Você basicamente só consegue se imaginar utilizando-se de suas referências, daquilo que conhece de si mesmo e no entorno, ou seja, a partir do momento que você conhece tudo, começa a fazer parte de tudo e desta forma não sobre mais nenhuma possibilidade de diferenciação entre você e qualquer outra coisa ou ser. Esta busca tem como objetivo a não existência.

Ressalto que não estou falando aqui em morte, em suicídio, pois este recurso não é ampliador, na verdade, ele freia possibilidades, pois cada percepção de existência parece ser uma experiência construtiva.

Pensando de maneira espiritualizada e tentando reforçar dentro de nós a crença de que a morte é uma ilusão, nos daremos conta que ela deve vir de forma natural, espontânea e possivelmente imperceptível, sem ação abrupta e consciente. Na verdade, realmente acredito nisso, mas nossas raízes culturais tentam nos convencer do contrário, gerando tanto foco neste acontecimento que tendemos a carregá-lo de dor, sofrimento e apego, desequilibrando nosso caminhar.

Ademais, também como uma forma equilibrada de conduzir o caminhar, sugiro que não entremos em embates com os outros ou com aquilo que consideramos ruim, tudo isso é construção de nosso próprio entendimento de mundo. Se buscarmos uma realidade ampliativa, essa resultará em melhoria constante e é isso que vivenciaremos como toda a realidade existente. Portanto, tudo que está ao seu entorno será moldado pelo seu próprio entendimento.

Não pretendo me estender nesta conclusão, pois considero que as reflexões são contínuas e inconclusivas, na verdade, entendo que o livro ideal é aquele em branco em que podemos simplesmente obter nas páginas vazias tudo o que precisamos!

Obrigado.

Henrique Piacente Talarico